LE PASSEPORT
DE MONSIEUR NANSEN

Création graphique de la couverture : Éléonore Gerbier
Photographie de couverture : Portrait de Fridtjof Nansen le 6 février 1897
(© Bridgeman images)

Les éditions Paulsen sont une société du groupe Paulsen Media.

ALEXIS JENNI

LE PASSEPORT DE MONSIEUR NANSEN

Une vie de Fridtjof Nansen

Paulsen

PROLOGUE

C'est madame Abkarian qui pour la première fois m'a parlé de ce qu'elle appelait *lépapié*, et qui me l'a montré. Elle prononçait le mot d'un seul souffle, avec sur les *e* des accents non répertoriés en français, alors je n'ai pas compris de quoi il s'agissait, je n'ai pas reconnu le mot ni la chose, que je mélangeais à tous les souvenirs arméniens qu'elle m'avait racontés par fragments depuis que je venais la voir – des lieux, des personnes, des plats, disparus ou pas, apportés ici ou laissés là-bas, je ne savais plus. Je la connaissais depuis longtemps, elle était dans l'immeuble depuis toujours, mais quand elle m'a enfin montré *lépapié*, elle était très âgée, elle passait le plus clair de son temps dans sa chambre, dans son lit aux draps toujours propres, toujours blancs, des draps bien lisses et symétriques de chaque côté du tout petit relief que formait son petit corps allongé, comme un buisson que l'on devinait sous une épaisse couche de neige, la bombant à peine. Quel âge avait-elle ? Un siècle ? Par là.

J'habitais l'étage au-dessous et je n'entendais depuis un moment plus aucun bruit de pas ; je venais prendre de ses nouvelles et de celles du XXe siècle, nous parlions de choses et d'autres, du passé toujours, période en laquelle elle excellait. Je prenais des notes pendant que mademoiselle Brigitte, toujours là mais jamais visible, s'agitait en glissant sur des patins de feutre dans cet appartement trop grand et trop meublé, travaillant à ce qu'il n'ait pas l'air abandonné, poussiéreux, éteint. Elle venait chaque jour changer les draps, c'était un sacré boulot de lever madame Abkarian, de l'asseoir dans le fauteuil à côté du lit et de tout changer, de tout tirer bien au carré pour que ce n'ait pas l'air d'un lit de mort. Cela sentait bon la lavande, c'était trop lisse pour être honnête, et la machine à laver ronronnait en permanence dans les pièces du fond où je n'étais jamais allé. Cent ans. Quelque chose comme ça.

Lépapié, c'était ce que mon père disait quand un douanier, un gendarme, un policier, n'importe quel type avec une casquette, une moustache et une arme nous disait :

— *Vopapié !*

Alors il se tournait vers ma mère, lui disait d'une voix douce :

— Donne-moi *lépapié,* Haydée.

Elle fouillait dans son sac, le lui donnait, il le dépliait fièrement devant l'autorité à moustache ; et on passait.

— Ah ! *Les papiers...*

— Bien sûr. Qu'est-ce que tu avais compris ?

— Rien, justement.

— Je l'ai encore, je vais te montrer.

Elle tenta de se redresser, n'y parvint pas, je me penchai sur elle pour l'aider, elle me repoussa, m'éloigna en époussetant le vide.

— Laisse, tu vas froisser les draps. Remets les plis correctement. Va plutôt le chercher toi-même, c'est dans le premier petit placard, là. Là, je te dis.

D'un geste impatient, elle me désigna la grosse bibliothèque vitrée qui occupait un mur de la chambre, un monument Art déco de bois ciré et de vitrines qui ne contenaient pas beaucoup de livres, mais une multitude d'objets hétéroclites dont elle m'avait minutieusement raconté le périple lors de nos conversations. Mais nous n'avions jamais ouvert le petit placard.

— Le compartiment à gauche... non, en dessous... ah mais... (Claquement de langue.)

Elle donnait ses instructions sèchement, agacée que je ne sache pas de moi-même où chercher ce dont j'ignorais l'existence. Madame Abkarian ne se faisait pas au déclin de son corps, alors, quand ça traînait, elle houspillait ceux qui l'aidaient. La petite porte était fermée d'une clé-jouet, elle ouvrait sur un compartiment aveugle grand comme une boîte aux lettres. Il y avait là une petite bougie dans un photophore, une boîte de longues allumettes, un document jauni posé à plat et une photo en noir et blanc, un portrait, debout au fond de la petite case.

— Allume la bougie, dit-elle.

— Là ? Dans le placard ?

— Allume, je te dis, et apporte-moi le document.

De toute façon, avec elle, je n'étais pas contrariant, j'étais là pour savoir, je faisais toujours comme elle disait. Je frottai une longue allumette, allumai la bougie, ne sus pas trop quoi faire de la longue baguette que je venais d'éteindre en la secouant et je restai à contempler les figures dansantes qui venaient d'apparaître sur les parois opalescentes du photophore – des morses, des phoques, des ours, un homme couronné d'un cercle de fourrure assis sur la flèche d'un kayak –, des dessins très simples, dessinés d'un trait noir et ferme, de style inuit pour autant que je m'y connaisse, de simples silhouettes que la palpitation de la petite flamme rendait très expressives. De son claquement de langue agacé, madame Abkarian me rappela à l'ordre. Je posai l'allumette éteinte et lui apportai le document sans traîner.

— Voilà, c'est ça, *lépapié*.

Sur la couverture figurait l'inscription « FRANCE, Passeport NANSEN, certificat d'identité et de voyage ». Dessous, un numéro, et les nom et prénom du titulaire : « ABKARIAN Aram ». Et dessous encore : « Ce certificat d'identité et de voyage comprend 18 pages non comprise la couverture ».

— Et la photo ?

— C'est Fridtjof Nansen, celui qui a inventé *lépapié*, regarde, il y a son nom écrit en gros : Nansen. Il a sauvé des milliers de vies avec ça. En 1920, nous n'étions plus rien, personne ne voulait plus de nous, sauf pour nous tuer, et lui, il nous a donné *lépapié* pour que nous puissions partir et aller ailleurs, nous exiler pour nous sauver, et pour nous c'était la France. Il nous a ouvert la porte de la France, alors j'ai mis son portrait dans le compartiment secret de la bibliothèque, et je lui rends hommage chaque fois que j'ouvre cette petite porte.

Je revins vers le portrait ; l'icône photographique tremblotait au rythme de la flamme. C'était un homme jeune, les cheveux blonds et la moustache abondante, qui pointait un regard implacable et direct sur celui qui osait le regarder dans les yeux. Autour de son cou, on apercevait l'ébauche d'un vêtement, et c'était comme un col de fourrure, pas un col mondain, mais de la fourrure dont on faisait les vêtements polaires, il y a longtemps, plus de cent ans.

— Quand il a fait *lépapié*, il avait la soixantaine, mais sur cette photo il est beaucoup plus beau, alors je préfère. Il revenait du Groenland qu'il avait traversé à ski, et à soixante ans il avait encore le même regard… Le regard des débuts, il l'a gardé toute sa vie.

Et elle eut un petit rire de jeune fille, madame Abkarian, âgée de près d'un siècle, survivante des horreurs de masse du XXe siècle grâce à ce Norvégien au prénom imprononçable. C'est vrai qu'il était beau, et je me suis demandé qui il était pour avoir fait ça : traverser le Groenland à ski et inventer un passeport à son nom, que l'on a distribué aux apatrides en danger de mort pour leur permettre de passer les frontières et qu'ils puissent s'enfuir, vivants.

De retour chez moi, j'ai regardé des portraits de lui, beaucoup, longtemps, je les ai scrutés comme si je pouvais les creuser du regard et les élucider, comme s'ils allaient me répondre et me raconter d'eux-mêmes qui il était, cherchant à deviner ses pensées et ses désirs, ce qui l'avait amené à voyager dans les glaces et à ensuite créer un papier officiel que l'on désignait par son nom pour que tout le monde voyage, pour que tout le monde ait un endroit où aller, pour que personne ne stagne ni ne meure si son pays a décidé de le tuer, ou bien si son pays a disparu. Était-ce ça, le lien ? La glace ? À force de le regarder, il me semblait le saisir parfois, il me semblait que je le connaissais presque, avant que l'illusion s'évanouisse. Peut-on connaître quelqu'un par la contemplation de son portrait ? J'essayais et, comme je suis obstiné, je persévérais. Comme lui.

Sur tous les portraits que l'on a de lui, Fridtjof Nansen est beau comme un acteur de la série *Vikings*, et davantage peut-être car il est vrai, il ne joue pas un personnage, il se montre aux autres tel qu'il se voit lui-même, il ne cherche pas à plaire, mais toujours à se montrer tel qu'il s'imagine : nordique.

Les moustaches abondantes, les traits martelés, l'air terrible que ne tempère jamais aucun sourire. C'est ce qui frappe quand on passe en revue la multitude de photos que l'on a conservées de lui : sur aucune d'elles il ne sourit.

Il est beau, il le sait, il le montre, il le partage sans fausse modestie, il a réussi sa beauté comme il a réussi tout ce qu'il a entrepris : Fridtjof Nansen vient, il voit, il vainc ; c'est le résumé de sa vie. Ce sont des portraits magnifiques de la fin du XIXe siècle, d'une très belle composition, d'une très belle matière photographique due aux éclairages bien balancés et aux émulsions veloutées. Et toujours il prend la pose sans en avoir l'air, conscient de sa force, de la puissance de son image, et, sur plus d'un demi-siècle, sans sourire. Jamais. Il a toujours le regard terrible, les yeux enfoncés et brûlants, la barre de sourcils horizontale, l'œil implacable du Viking qui s'apprête au meurtre et au pillage. Elle est étrange, cette constance dans la sévérité, sur toutes les photos que l'on a conservées de lui. Même sur celles où il est âgé, soixante ans et plus, le crâne dégarni, la moustache tombante et blanchie, les traits tirés vers le bas, il a toujours ce regard intact, frontal, qui ferait trembler s'il avait à la main une hache. Mais depuis qu'ils n'ont plus la possibilité de venir chaque été piller l'Angleterre, les Norvégiens font autre chose de leur temps et de la violence qui les habite. Du ski en conditions extrêmes, de la pêche à la morue en des lieux où l'idée d'un congélateur serait ridicule, des expéditions polaires. Et puis le bien, ils font le bien avec sévérité et constance car ils sont luthériens, du Nord, équanimes et inflexibles.

Enfant, Nansen avait étrangement le même regard pardessus ses joues rondes et sous une frange blonde. C'est un invariant physique qu'il a conservé toute sa vie, un emblème personnel porté sur son visage et qui marque du même signe, austère et obstiné, tout ce qu'il a fait dans sa vie bien remplie. Après avoir écrit sur le doux John Muir, à l'œil bleu écarquillé et naïf, pétillant d'un humour bienveillant, ces recherches-là me changent. C'est un autre monde, où la glace règne, dehors comme dedans.

— Il a l'air d'avoir tué Bambi…, s'esclaffe un de mes fils à qui je montre quelques-unes de ces photos. Il a l'air de pouvoir manger un chevreuil à mains nues, renchérit-il en reprenant son souffle.

Bon, ça ne veut rien dire, mais on voit l'idée. On voit bien l'idée : c'est Fridtjof Nansen. Skieur, artiste, dessinateur et photographe, scientifique, explorateur, homme d'État, fonctionnaire international, humaniste, héros national de Norvège, excellent en toutes choses, quoi qu'il fasse, et n'ayant visiblement pas le temps de sourire.

Il est mort depuis un siècle, cet homme. Je n'ai rencontré personne qui l'aurait connu pour l'interroger, je n'ai fait que consulter des documents silencieux, des dessins, des photos, des cartes, j'ai lu ses écrits et aussi ceux des autres qui l'accompagnaient quand ils parlaient de lui, j'ai lu des récits de voyages et des romans d'aventures polaires ; partout où j'avais l'espoir de trouver un indice de ce que pouvait être cet homme, de ce qu'il pouvait penser, de ce qui pourrait expliquer ce qu'il a fait, je lisais.

Et je m'interroge toujours en scrutant ces photographies : qu'y a-t-il derrière ce masque ? Quelle personne véritable anime cette posture bravache, toujours la même, qu'il adopte en toutes circonstances ? Rien n'est vraiment dit, lui-même reste vague, il faut reconstituer à partir d'indices impalpables – ce qui est le travail du roman mais ici appliqué au vrai ; à ce que j'espère être le vrai.

Les biographies qui existent de lui sont presque toujours des hagiographies : quoi qu'il fasse, il est champion du monde. Il est étrange que l'on puisse écrire ça sérieusement, que l'on puisse naïvement y croire sans voir la loufoquerie de cet étalage d'excellence soigneusement entretenu, de cette série de dons accordés à la même personne, miracle qui ne convient qu'aux contes, ceux de Grimm où l'on décrirait un prince doté de toutes les vertus, ou alors aux *comics* avec des super-héros en collants, enveloppés d'une cape, et pourvus de superpouvoirs. Son sérieux, sur toutes les images que l'on a faites de lui, est déjà en soi loufoque.

Qui était-il ? Qui était-il, vraiment ?

Chapitre I

UN JEUNE ATHLÈTE TOUT ENVELOPPÉ DE LAINE

Fridtjof naquit en Norvège, et son père s'appelait Baldur, un prénom banal là-bas, mais dans l'Europe encore effrayée de souvenirs carolingiens, ça sonne comme le choc de la hache sur le mur de boucliers ; il était juriste et très religieux, c'est-à-dire moral et probablement rigide, mais sans beaucoup d'ampleur physique. Veuf, ce petit homme mince et roux, à l'air perpétuellement inquiet, se remaria avec Adélaïde, brune, énergique, plus grande que lui d'une demi-tête et faisant preuve en toutes circonstances d'un brutal franc-parler de Valkyrie. Elle avait déjà cinq enfants, Baldur en avait un, Fridtjof naquit en 1861. En plus de la raideur morale de son père et de l'énergie dévastatrice de sa mère, se penchèrent sur son berceau la sollicitude de ses demi-frères et sœurs plus âgés, qui veillèrent sur lui et le poussèrent à tous les jeux, tous les sports, toutes les aventures dans la grande maison qu'ils habitaient près de Christiania, aux abords d'une « sombre et profonde de forêt de pins », comme il l'écrivit plus tard. Celle-ci commençait dès les dernières maisons de la capitale, contournait les fjords, escaladait les montagnes et ne s'arrêtait sans doute qu'au cercle polaire.

Christiania était une ville d'à peine soixante mille habitants, capitale de la petite nation de Norvège qui n'en était pas tout à fait une, ayant perdu son indépendance depuis des siècles. D'abord au profit du Danemark, dont elle n'avait été qu'une province, puis associée en 1814 à la Suède, après une courte guerre où l'armée suédoise perdit toutes les batailles, mais remporta la paix, car plus riche, plus puissante, évidemment dominante. Alors fut constituée une union suédo-norvégienne sous l'autorité de la maison Bernadotte, du nom du maréchal napoléonien élu au trône de Suède.

La modeste Norvège était indépendante de fait, elle possédait un Parlement et un gouvernement, elle levait des impôts pour elle-même, mais n'existait pas sur le plan international puisque tout ceci, le fait d'être un royaume, d'avoir des ambassadeurs, de parler avec d'autres royaumes, était du ressort de la Suède, ce qui était un peu abstrait mais mal vécu. Étrange statut pour un petit pays de peu d'habitants, vivant entre soi dans ces derniers confins habitables de l'Europe. La fierté nationale y était un enjeu important, une preuve d'existence, et le nom danois de Christiania fut, dès l'indépendance en 1905, changé en Oslo. Être un Norvégien de cette époque-là eut son importance dans les aventures de Nansen.

Chez les Nansen naquit encore un petit frère, on en est donc à huit enfants, mais étrangement Fridtjof se souvint d'une enfance solitaire où la forêt était sa seule confidente ; elle lui apprit la grande sauvagerie et la mélancolie de la nature. Il y avait eu un autre Fridtjof avant lui, né en 1859, mais mort à moins d'un an. Il était donc le survivant, le bon Fridtjof, celui qui doit réussir à vivre pour effacer la perte. Un tel rôle impose sans doute une lourde responsabilité, un certain sens de la solitude, et des yeux d'enfant sérieux toute la vie.

On le mit très tôt sur des skis, il sut rapidement patiner, et quand l'eau dégelait, il nageait à la perfection. Encouragé par tous, introspectif et volontaire, à l'école il excella en toutes les matières. Il hésita un peu quant à ses études, pensant à la littérature, puis opta pour les sciences naturelles, qui lui permettraient sans doute des activités de plein air. Sa mère l'avait toujours encouragé en tout, mais surtout à partir à l'aventure, sur la neige, dans les bois, dans la montagne, et on sait bien le rôle des mères dans la vocation des fils. Quand il eut seize ans, sa mère mourut brusquement. À dix-huit, il battit le record du monde de patinage sur la distance d'un mile. Il fut plusieurs fois champion de Norvège de ski de fond. L'influence des mères perdure par-delà leur mort.

À vingt ans, il étudia la zoologie à l'université de Christiania ; pendant l'été, on chercha un étudiant volontaire pour un voyage d'étude en Arctique. Il y alla, il revint avec des peaux d'ours et de requins. L'université de Bergen cherchait un conservateur pour son département de zoologie. Il postula, il fut engagé. Il avait vingt ans et s'installer à Bergen, c'était déjà partir loin. La ville est la deuxième de Norvège mais d'à peine vingt mille habitants, difficile d'accès car face à l'océan et dos aux Alpes scandinaves, donc isolée de tout. Le train pour Oslo ne fut construit qu'en 1909 ; auparavant on y vivait entre soi, surtout l'hiver qui recouvrait les Scandes d'une épaisse couche de neige, et l'on y parlait même un dialecte particulier. Le climat y est instable, doux, gris. Le Gulf Stream passe au large, les brumes montent de l'océan, se heurtent aux montagnes, la pluviométrie est extrêmement élevée, presque deux fois plus qu'en Bretagne, sans doute la région la plus pluvieuse d'Europe. Il fait gris, souvent, il pleut deux jours sur trois. Ici on fit fortune dans le commerce du poisson, car ces eaux brassées par le courant sont extrêmement fertiles, grouillantes d'une vie diverse, du plancton jusqu'aux baleines. Le département de biologie marine de l'université y était important et réputé dans toute l'Europe – Pasteur vint même y faire une visite –, et une correspondance fournie était entretenue avec les universités européennes.

Le tout jeune Nansen s'y installa et entreprit d'étudier le système nerveux. Ce sujet était en plein essor, en lien avec la théorie cellulaire en cours de discussion, dont l'enjeu était de savoir si tout être vivant était fait de cellules indépendantes mais en contact, ou bien était d'une seule matière, sorte de gelée vivante qui parfois se subdivise en cellules. Le système nerveux en était une pierre d'achoppement essentielle : le tissu nerveux, le cerveau, cette masse blanche parcourue de pensées, est-il un assemblage d'unités indépendantes qui communiquent, ou bien une masse générale, ainsi que le stipulait la « théorie réticulaire » alors en vogue, selon laquelle les corps cellulaires visibles au microscope n'étaient là que pour nourrir la gélatine pensante ? Il fallait regarder. Mais il n'est pas facile de regarder un cerveau au microscope, car les coupes ne montrent pas grand-chose, une masse transparente indifférenciée où l'on ne peut rien prouver. Nansen se fit offrir par son père un microscope Zeiss avec un objectif à immersion, le meilleur outil de l'époque. Il colora les coupes histologiques, appliquant la toute récente méthode de Golgi qui, faisant apparaître aléatoirement un faible pourcentage de cellules et mettant par là un peu d'ordre dans ce chaos, avait révélé des structures dans la vague masse cérébrale. Il prit des cours de dessin pour représenter ce qu'il voyait, faute de microphotographie, qui sera inventée bien plus tard. Son professeur de dessin lui conseilla d'abandonner les sciences pour l'art, tant il y excellait – encore un épisode de la légende dorée du surdoué en tout –, mais il voulait savoir, savoir encore plus, savoir ce que personne encore ne savait et qu'il pourrait offrir à l'humanité : il persista dans les sciences. Il s'occupa de la neuroanatomie des créatures marines inférieures, étudiant à fond le mysostome, un parasite de l'étoile de mer qui ne possède même pas de système circulatoire, à peine quelques poils et ventouses pour s'accrocher, un pharynx qu'il peut sortir pour manger, avec autour quelques ganglions fusionnés, faisant de lui l'un des organismes les plus simples parmi ceux possédant un cerveau, mais qui ne devait pas penser grand-chose. Il n'était pas difficile d'en trouver au marché au poisson de Bergen, en récupérant des étoiles de mer dans la pêche du jour.

Tout cela était neuf. À Madrid, Santiago Ramón y Cajal et, à Pavie, Camillo Golgi s'y intéressaient aussi. L'histoire retiendra leurs noms, Ramón y Cajal pour la minutie et la beauté de ses dessins de cellules réalisés à la plume et à l'encre de Chine, qui démontraient que les neurones ne sont pas jointifs et sont donc des cellules autonomes ; et Golgi pour ses observations des structures intracellulaires dont l'une porte encore son nom, sans que lui-même ait jamais su à quoi elle servait. Ils reçurent en 1906 un Nobel conjoint pour leurs travaux. Et Nansen ? Il conclut de ses observations, sans pouvoir en donner des preuves certaines, que les neurones ne sont pas fusionnés mais se touchent en gardant leur individualité, toutes les unités nerveuses conservant une membrane qui les limite. Il publia dans une revue scientifique en septembre 1886. En octobre de la même année, Wilhelm His démontra que les unités nerveuses ne sont pas en contact, et c'est à lui que l'histoire des sciences attribua ce résultat. Nansen disait la même chose et en avait la priorité, cependant son article était moins académique. Littérairement plus clair, mais n'utilisant pas le jargon nécessaire à une reconnaissance scientifique, et il était moins catégorique dans ses conclusions ; celui de His était plus net, plus assuré et plus utile pour le développement futur du sujet.

Nansen continua ses travaux, il colorait et observait les neurones, persuadé que le vrai siège de la pensée était dans cet enchevêtrement de fibres. En ces premiers balbutiements de la neurobiologie, l'étude de la pensée était hors d'atteinte. Commençant simplement, il proposa un modèle de la fonction sensorimotrice du cerveau, cette capacité à réagir par un mouvement à une stimulation physique. Si plusieurs neurones sont connectés, reliant un organe sensoriel à un organe moteur, cela permet d'expliquer l'arc réflexe, ce coup de pied que l'on met droit devant soi avant même d'y penser quand le médecin frappe le genou d'un petit marteau caoutchouté. À la même époque, Sigmund Freud travaillait à Vienne sur le fonctionnement du système nerveux, cherchant lui aussi à construire un modèle de circuit neuronal, qu'il abandonna par la suite pour se concentrer sur le psychisme, tout en gardant à l'esprit le modèle électrique qu'il avait étudié jeune médecin, et qu'il utilisera ensuite comme métaphore de l'activité psychique.

De Nansen il ne reste aucune trace dans l'histoire des sciences. Il n'est que les brèves notices biographiques, voire touristiques, qui mentionnent qu'il fut un grand scientifique, qu'il révolutionna son domaine de recherche, en restant flou sur les détails. Wikipédia, juge de paix du savoir mondial, diffuse pudiquement qu'il « aida à établir les théories modernes de la biologie », sans s'engager davantage. S'il ne laissa pas son nom dans l'histoire de la biologie, il a une place de figurant parmi les fondateurs de la neurologie, car, avec d'autres, il en énonça les principes. C'est vrai que le mysostome n'est pas vendeur, avec sa pauvre cervelle permettant seulement d'attraper son hôte et d'y rester accroché. Et puis la lente émergence de la théorie du neurone est un peu oubliée, on croit que l'on sait ça de tout temps. On oublie toujours la difficulté que l'on a à établir les choses.

Sa thèse, soutenue le 28 avril 1888, avait pour titre« Structure et combinaison des éléments histologiques du système nerveux central ». Illustrée de 113 figures qu'il avait dessinées lui-même sur pierre lithographique, elle fut écrite en anglais avec un sommaire en allemand, puis il rédigea une version abrégée en norvégien avec sommaire en français, et une autre tout en allemand. Tant de langues ! Syndrome d'inquiétude d'un petit pays qui n'en était même pas un et dont personne ne comprenait le dialecte, façon également de s'inscrire dans la communauté scientifique internationale. La version allemande fut publiée dans la revue *Anatomischer Anzeiger*. Et si je précise le jour exact de la soutenance, c'est que quatre jours plus tard, le 2 mai 1888, il partait pour le Groenland. Mais nous n'y sommes pas encore.

À Bergen, il pratiquait le ski. Les montagnes l'enivraient, il partait avec Flink, un chien qu'il avait adopté, et grimpait dans les forêts, suivait le tracé des routes enneigées bloquées par l'hiver, traversait des villages écrasés d'épais matelas blancs où l'on s'étonnait de le voir voyager avec des skis, s'aidant d'un grand bâton comme d'une gaffe pour naviguer sur la neige. En hiver, les Scandes semblaient vierges de toute présence humaine, c'était la nature telle qu'elle fut créée, rochers arrondis et conifères, et il descendait les pentes noyées de poudreuse, zigzagant entre les pins avec une joie indicible, tandis que Flink, langue pendante, le suivait en une succession de bonds joyeux, s'enfonçant chaque fois jusqu'aux épaules, rebondissant encore.

Nansen, ce beau colosse, se sentait léger à ski, il flottait comme une mouette, il descendait dans la poudreuse comme une avalanche, emportant avec lui un nuage blanc de flocons gelés. C'est dans la montagne que les gens sont eux-mêmes, pensait-il, dépouillés de toutes les fioritures de la société, libres. Là on vit enfin. C'était pour lui davantage que du ski, plutôt une mise à l'épreuve de son corps athlétique, un effort violent que ses muscles lui rendaient en jouissance profonde, skier était, en acte, une définition de la présence active de l'homme sur Terre.

Pendant l'hiver 1882, il voulut passer les fêtes de Noël en famille à Christiania, et décida de s'y rendre à ski. Plus de trois cents kilomètres dans la neige, parcourus en six jours. Son père s'inquiéta des dangers que courait son fils à partir ainsi dans la montagne déserte, sans assez de nourriture ni de vêtements, et le fils lui répondit, avec ce regard buté, sombre malgré sa couleur bleue, sous une barre de sourcils toujours froncés, qu'il était seul juge du danger. On ne sait pas ce qu'aurait dit Adélaïde si elle avait été encore là, rien peut-être ; elle aurait sûrement eu un sourire de mère ravie d'avoir engendré un homme aussi fort et intrépide – et décidé.

Des voyages à ski, il en fit de nombreux et il en écrivait le récit dans les journaux. Ces articles firent beaucoup pour la pratique de ce sport et pour le développement du tourisme de montagne. Le ski, on l'utilisait depuis longtemps, mais comme moyen de transport ou de chasse dans les montagnes de Norvège quand tous les chemins étaient bloqués pour plusieurs mois, et cela on ne l'écrivait pas. Les articles de Nansen furent les premières odes à la poudreuse, au silence des champs de neige, à l'ivresse des descentes. Il fut le premier à l'écrire avec assez de talent littéraire pour le rendre évocateur, et en susciter le désir. Et ils arrivèrent au bon moment, car l'époque était au sport, au romantisme de la nature vierge, à l'hygiénisme du corps nu et athlétique. Il en fut le chantre ; le ski, devenu sport mondial, lui doit beaucoup.

Mais lui-même voyait déjà plus loin : l'air du temps était aussi aux aventures polaires, et en glissant sur ses planches solidement liées aux chevilles, sans bruit sous les pins couverts de coussins blancs, il pensait que ce serait là le moyen idéal d'accéder à l'intérieur du Groenland, de traverser la banquise, d'atteindre le pôle enfin, pour réaliser les exploits géographiques dont on était si friand dans ce monde qui s'ouvrait trop vite, où l'on connaissait presque tout et où il n'y aurait bientôt plus de *terra incognita*, plus de réserve de rêve, plus de terres vierges.

À Bergen, on aimait être un peu à part. Puisqu'on l'était de fait dans ce cul-de-sac géographique, autant ne pas s'en priver : on l'est à peu de frais dans une société luthérienne où tout se voit, tout s'observe, tout se juge. Le jeune Nansen fut excentrique simplement en se promenant tête nue, les joues rasées, sans barbe ni chapeau. On peut être surpris que de tels détails puissent vous classer comme original, mais on a oublié l'extraordinaire uniformité de la rue en cette fin de siècle. Tous les hommes en noir, avec barbe et chapeau, chemise blanche et cravate noire : la foule avait un étrange aspect de clones en marche – heureusement que les barbes étaient blondes et les yeux bleus, c'étaient les seules couleurs dans un monde en noir et blanc. De plus, Nansen se délectait de la lumière du soleil dès qu'il apparaissait (un jour sur trois, on le rappelle), et il s'y exposait en pantalon serré et chemise courte, ce qui fit dire, avec une ironie envieuse mais plutôt réprobatrice, qu'on l'admirait d'ainsi exposer ces membres que les autres préféraient cacher. Il n'est pas sûr que « membre » désigne ici les avant-bras et les épaules.

Il s'habillait drôlement, Nansen, mais il avait ses raisons, développées avec une méthode toute germanique par le docteur Gustav Jaeger, hygiéniste et réformateur du vêtement ayant des idées très précises sur la garde-robe, qu'il avait réunies dans *Die Normalkleidung als Gesundheitsschutz*, c'est-à-dire « La protection de la santé par l'habillement normal ». Ainsi Nansen ne portait-il que des vêtements de laine, à même la peau, ne contenant aucune fibre végétale. Selon Jaeger, la laine était le seul matériau adapté à la peau humaine, permettant l'évacuation des émanations nocives, ce qu'il opposait à la libre circulation des émanations salutaires. De quoi parlait-il ? Sueur, odeur, libido, autre chose ? On ne sait pas, à cette époque pas encore tout à fait pasteurienne, on croyait comme Aristote que les effluves et les exhalaisons étaient facteurs de maladies.

Nansen suivait scrupuleusement ces principes : tout sur lui était en laine, sous-vêtements, chemise, pantalon ajusté et veste à la coupe stricte boutonnée à droite, une poche brodée à gauche, un peu dans le genre militaire ou bien chasseur bavarois. Cela lui donnait une indéniable prestance. Il se fit beaucoup photographier avec cette veste, qui allait fort bien avec l'air sombre qu'il affectait. Pendant toutes les années où il se tint à ce costume, il ne tomba pas malade.

« Je vis tranquillement dans un petit cercle, écrivit-il à son père. Je m'occupe alternativement de sciences et de littérature. » Par littérature, il convient sans doute d'entendre lecture, ou bien quelques articles et lettres puisqu'il n'écrivait rien d'autre, mais il est indéniable qu'il fut passionné par les deux, et possédait un talent pour chacun.

En 1885, il tua son chien et tomba amoureux, ce ne fut pas pour lui une très bonne année. Flink, le compagnon de ses randonnées solitaires, manifesta la même défiance que son maître pour la société, la ville et les hommes. L'exprimant avec son esprit de chien, il se mit à mordre, et Nansen dut se résoudre à l'abattre. Quant à l'amour, il le rencontra en montagne, l'été, dans une pension d'altitude où Emmy Caspersen accompagnait sa mère. Elle montra aussitôt son intérêt pour Nansen, ce beau randonneur vêtu de laine à la coupe stricte, venu comme une apparition dans l'atmosphère feutrée et légèrement ennuyeuse de la pension, où les jeunes femmes désœuvrées n'avaient d'autres occupations que de bavarder avec leur mère, lézarder au soleil (boutonnées jusqu'au cou) et lire des romans. Cela se sut. Cette immodestie d'une jeune femme qui manifestait de l'intérêt pour un homme, c'était bien peu féminin, et la rumeur se répandit jusqu'à Christiania, car la Norvège de 1885 était un village.

Mais c'était aussi le temps où Ibsen écrivait, en Norvège justement, et particulièrement *Une maison de poupée*, pièce dans laquelle on vit un brûlot féministe, et qui comme tel fut combattue, tronquée, censurée – mais aussi encensée. L'héroïne (ah, les héroïnes scandinaves…) y était traitée fort gentiment par son mari, qui l'appelait son alouette, son petit écureuil, mais sans vraiment la voir. Elle était le plus bel ornement du foyer, la fée du logis, cela devait suffire pour remplir la vie d'une femme, elle n'avait pas besoin d'une personnalité propre. Après quelques rebondissements où elle fit preuve de courage et d'initiative, elle s'en alla, quittant foyer, mari, enfants, plongeant dans le monde pour vivre par elle-même. La pièce se terminait là. Et c'était là le scandale, la désertion d'une mère de famille, d'une épouse, d'une ménagère qui quittait son intérieur, qui pour une femme du temps n'était pas à l'intérieur d'elle-même. Vivre pour elle-même ? Quel sens cela peut-il bien avoir, qu'une femme vive pour elle-même ? Emmy était ibsénienne.

Nansen resta cinq jours dans la pension. Ce qu'il s'y passa, on ne le sait guère, mais il voyait Emmy, beaucoup, puis il rentra à Christiania et lui écrivit aussitôt une lettre de vingt pages. Il prétendit que c'était un texte anonyme qu'il avait trouvé et qu'il lui recopiait *in extenso* : « *Crépuscule et solitude de la montagne* » – il en donnait le titre. Il mettait en scène un promeneur solitaire, un *wanderer* avançant entre rocs et glaciers, qui sentait en lui l'épanouissement irrépressible de l'amour, ce sentiment sacré de l'humanité, tout en contemplant les couleurs du couchant sur les sommets qui l'entouraient. C'était romantique, mélancolique, exalté, un peu niais à nos yeux blasés, surtout l'alibi du texte trouvé, qui peut y croire ? On en connaît le texte, car il réalisait une copie carbone de toutes les lettres qu'il écrivait, et les gardait. Emmy répondit vite, pour rompre. Son père, dit-on, s'était opposé à cette relation, mais c'était sans doute la décision d'Emmy elle-même, ibsénienne certes, mais quand même un peu étouffée par ce brusque déferlement, envahie par un Nansen qui voyait en ces quelques jours dans la montagne un engagement tacite et définitif.

« Vous m'avez demandé de ne pas être triste, mais je suis heureux, répondit-il avec aplomb à ce rapide congé, et avec candeur aussi. J'ai commencé à douter de moi-même, de mon amour, qui était en partie une illusion. Nous prendrons plaisir aux futurs bonheurs de chacun. » Grande lucidité ou cuirasse défensive en laine de fer ? L'une peut très bien servir l'autre.

Ensuite, il n'eut plus goût à rien, il voulut partir, c'était sans doute une cuirasse. L'automne venait, il ne se sentait de désir pour aucun projet, il ruminait. Il s'en ouvrit à sa demi-sœur Ida, confidente des moments de découragement qui revenaient régulièrement. « Je sais que je suis une créature exigeante, qui n'a pas compris l'art d'être content de ce qu'il a, ou de ce qu'il peut obtenir. Ce que je veux est soit trop simple à atteindre, soit inatteignable, je suis malheureux dans les deux cas, c'est le défaut fatal, la clé de mon être spirituel, impossible de m'en défaire. C'est la cause de mon mécontentement perpétuel, une vie de puissances dispersées, de possibilités dispersées, de désirs dispersés, aucune unité. »

Nansel voulut démissionner de son poste à Bergen, mais le département de zoologie tenait à lui, et lui accorda une année sabbatique. Début 1886, à vingt-cinq ans, il part faire son tour d'Europe.

Il rencontra Haeckel à Iéna, Golgi à Pavie, puis continua vers le sud, jusqu'à Naples, antithèse absolue à la Norvège. Il y resta plusieurs mois, à travailler dans la station de biologie marine du professeur Dohrn. Le soleil y était permanent et les couleurs intenses, l'esprit latin était une cure pour les mystérieuses tristesses de son âme. « Regarde et apprends des enfants du Sud, écrivait-il dans son journal. Sont-ils meilleurs que nous ? Oh non, mais ils sont inconscients, libérés de l'ennuyeux labeur du Nord, avec ses lourds souvenirs et son souci du lendemain. »

Il vécut parmi un groupe de jeunes scientifiques allemands, suisses, austro-hongrois, qui travaillaient sérieusement à leur avenir scientifique et se dissipaient joyeusement au soleil napolitain. Les Italiens l'appelaient familièrement *il gran'giovane*, ce qui dans le contexte signifie « le grand gamin » – toujours prêt à jouer les Bacchus avec des pampres dans les cheveux lors de soirées arrosées, mais aussi sujet à de brusques accès de rumination dont il lui était difficile de sortir. Un jour qu'ils gravissaient tous ensemble le Vésuve, son visage se figea, et il disparut. On le chercha, on le retrouva assis sur un bloc de lave à contempler les ruines de San Sebastian, un village détruit par une éruption vingt ans auparavant. Il ne répondit à aucune des questions de ses camarades et dut être ramené à Naples pas à pas, soutenu par deux d'entre eux. On ne sut jamais ce qui l'avait foudroyé : la figuration de la mort, l'implacable puissance volcanique, le silence terrible d'un village détruit ? La mélancolie scandinave était en lui une force réelle et puissante.

On garde de cette époque une étrange correspondance avec Johanne Sylow, rencontrée à Naples, qui voyageait en Europe pour devenir une femme accomplie. À la fin du siècle, le tourisme en était à ses balbutiements, et ce grand tour était comme le parachèvement d'une bonne éducation. Elle avait été professeur à Christiania, et avait connu Nansen quand il était enfant. Ils bavardèrent longuement, intimement, en norvégien sans doute, ce qui a son importance. En sa langue maternelle si rare, il dut se confier très sincèrement à elle, ne cachant rien de son désarroi puisqu'elle proposa qu'il lui envoie une auto-analyse par écrit. Il le fit. Il lui confia son extrême sensibilité à la musique de danse, qui l'emportait sans qu'il sache pourquoi, qui entraînait son corps sans effort conscient, entièrement dévolu au rythme de la musique.

Ces confessions prêtent à sourire, car il n'y a là rien d'étonnant : la musique de danse produit cet effet, en général. Il est surtout étrange que Nansen en soit surpris, prenant conscience qu'il est peut-être plus vaste et plus complexe que l'horizon délimité par son esprit. Peut-être découvre-t-il qu'il a un inconscient très actif, qu'il ne maîtrise ni ne connaît tout de sa personnalité, ce qu'il avait cru jusqu'alors. Rien que de naturel, finalement, et de rassurant, au fond. Nansen n'est pas un être de pure raison, même s'il essaie.

Il confie encore qu'il ne se comprend pas lui-même, et plus il se concentre sur ce sujet, plus cela lui paraît être une énigme. Il se voit comme sentimental, mais animé d'un réalisme froid ; mû par un désir de connaissance mâtiné d'un mépris de la civilisation, avec une soif de sauvagerie et de nature vierge. En un mot : un chaos, de criantes inconstances mêlées à un égoïsme pur, une machine un peu monstrueuse, mais qui le fait quand même avancer.

On croirait les ruminations inquiètes de Harry Haller, le personnage du *Loup des steppes* de Hermann Hesse, tiraillé entre sauvagerie refrénée et bourgeoisie policée, un livre écrit trente ans plus tard mais qui exprime un invariant européen de cette fin de siècle. Nansen est vraiment de son époque.

« Il y a une caractéristique que vous avez omise dans votre autoportrait, répondit Johanne (on peut l'appeler par son prénom, ils sont proches, très proches), c'est la grande gentillesse, et la grande considération que vous montrez à l'égard des femmes mûres, même les vieilles filles, et cela est à prendre en compte dans votre personnalité. » Il lui avait donné l'impression d'être « une fugitive Madone », étrange formulation que l'on trouve dans sa lettre. Il est bien *il gran' giovane*, émerveillé par les dames mais déjà sexué, cherchant à être proche, très proche, de femmes mûres, fortes, puissantes.

Il rencontra Marion Sharp, une jeune Anglaise qui voyageait elle aussi avec sa mère. Elle l'appelait son Viking, son barbare à la belle chevelure, ils s'écrivirent, il écrivit aussi à la mère, qui répondait fiévreusement. Il les suivit à Rome, Florence, jusqu'en Suisse, où l'histoire s'acheva. La mère envoya encore quelques lettres tendres et attristées, il correspondait intimement avec les deux. Il retourna en Norvège. Quelle énigme, ce jeune Nansen. Et quelle santé.

À Johanne, il écrivit de nouveau, évoquant ce séjour inoubliable, ces jours heureux qui avaient été et ne reviendraient pas, où furent plantées de jeunes pousses dans l'âme d'*il gran' giovane*, des pousses qui dans le futur, espérait-il, donneraient des fruits. Tout est allusif. Tout est tendre. Tout est sexué.

Il retourna à Bergen à pied, par la montagne, sans chien.

Chapitre II

La grande expédition des vigoureux patineurs scandinaves

Le goût de l'Arctique est venu d'un coup, par une vision de peintre. C'était avant Naples, avant la thèse, avant les amours erratiques. Tout a commencé, son destin et sa gloire, au cours de vingt-quatre jours immobiles sous l'emprise de la glace, au large du Groenland. Il avait vingt et un ans, étudiait la biologie, et, pendant cet été 1882, il s'était embarqué sur le phoquier *Viking* pour étudier la faune arctique. Ce fut, déclara-t-il bien plus tard dans un discours à des étudiants, « sa première expérience fatale qui l'égara hors de la vie tranquille de la science ».

Le phoquier partait chaque été pour une expédition de chasse. Pendant quelques mois, il rôdait au large du Svalbard et du Groenland pour tuer des phoques. On récoltait leur peau, leur graisse, leur viande ; les phoques pullulaient alors, c'était une matière première pour diverses industries : avant d'être une mine de charbon, le Svalbard fut une mine de phoques. Nansen participait avec enthousiasme à l'abattage, il avait toujours aimé la chasse, il visait la cible animale sans frémir, l'œil froid, le regard droit, les mains tenant ferme le fusil, tirant à coup sûr, à peine affecté par le recul. Il nota que son équipe avait abattu deux cents phoques en une seule journée ; il s'en réjouit. Ils travaillaient à récolter de la viande, laissant derrière eux de larges flaques de sang.

Et puis, ayant un peu dépassé le cercle polaire arctique, un froid tardif les surprit, la banquise les happa, et ils furent emprisonnés dans une épaisseur de glace que ni la puissance des machines ni le pic ne pouvaient briser. Le navire ne bougeait plus. Mais la banquise, elle, dérivait tout entière. Ce n'était pas perceptible à l'œil ni au mouvement, mais la côte rocheuse du Groenland chaque jour se rapprochait légèrement, emportant le *Viking* bloqué sur son lit de gel. Les courants qui animaient l'obscur océan glacial sous leurs pieds les emportaient vers le sud, les mesures quotidiennes de position le prouvaient, et le paysage chaque jour changeait imperceptiblement.

Sans qu'on la voie bouger, la glace grinçait, comprimait la coque du navire et se brisait soudain au grand effroi de l'équipage. Nansen – était-ce sa jeunesse, sa vigoureuse complexion ou son goût pour la beauté ? – regardait s'approcher lentement la côte sans ressentir aucune crainte, il s'émerveillait de ces formes et de ces couleurs changeantes, calmement. Au-delà de la glace flottante qui leur faisait une marge blanche, se dressaient des pics déchiquetés aux teintes vives, qui alternaient avec d'énormes glaciers étincelant au soleil. Le soir, ils se teintaient d'une symphonie de pourpre et de rose, de violine et de doré, un flot somptueux où le soleil déversait toutes les couleurs qu'il n'avait pas utilisées le jour. Elles coulaient lentement sur les étendues de neige et se reflétaient sur les pans rocheux. C'était chaque soir l'interminable crépuscule de la nuit polaire, cette fausse nuit qui ne fait que passer au milieu de jours sans fin, pas même obscure, cette nuit d'été qui brouille les sens et les repères dès que l'on a passé le cercle polaire.

Vingt-quatre jours, plus de trois semaines, ils furent désœuvrés dans la prison des glaces, occupant leur temps à fumer la pipe, à jouer aux cartes, à tirer sur quelques oiseaux, s'inquiétant des grincements de la coque, car, si elle se brisait, personne d'autre ne le saurait qu'eux-mêmes, et personne ne viendrait les chercher. Nansen, ce contemplatif plein d'énergie, ne s'inquiétait de rien et montait tout en haut du grand mât pour contempler le Groenland, si proche qu'on aurait pu l'atteindre à pied en quelques heures. À peine. Elles l'attiraient, ces côtes, elles étaient inconnues et inexplorées, d'une beauté qui le bouleversait, d'un mystère qui l'exaltait. Personne n'était entré dans le Groenland, ses rivages n'étaient que frôlés par des chasseurs en quête de peaux, de graisse et d'ivoire de morse, personne ne savait ce qu'ils dissimulaient.

Alors on imaginait. Et on pensait à une oasis de verdure, peuplée d'animaux revêtus d'épaisses fourrures de laine et d'hommes mystérieux, dont les Esquimaux éparpillés sur le littoral ne seraient que de petits groupes égarés, perdus, en voie de disparition.

Le Groenland, cet inconnu, livre d'abord une côte rocheuse affreusement découpée, lacérée de fjords vite colmatés de glace. On peut exagérer mentalement ce découpage, et penser que ces pics sont les sommets d'îles figées dans la glace, et même imaginer que ce presque-continent est au fond un archipel dissimulé, seulement un rideau d'îles qui plongent abruptement dans une mer gelée. On s'est beaucoup trompé sur la géographie du continent américain, on l'a longtemps cru moins large qu'il n'était, on lui en a longtemps voulu d'être cet obstacle sur le chemin de la Chine, alors par l'imagination on le sous-estimait. Au cœur du Groenland, on imagina une mer libre de glace, des îles au climat adouci, couvertes de pâturages et de fleurs. D'où vient cet espoir déraisonnable que la simple vue de la côte, minérale et glacée comme elle est, devrait aussitôt rebuter ? De l'arnaque délibérée du nom, déjà, d'avoir nommé « Terre verte » ce continent gris, blanc et noir, invention d'Erik Le Rouge qui le découvrit en partant d'Islande et s'y installa. « Groenland », ça sonnait bien pour ne pas décourager les bonnes volontés et attirer d'autres colons. L'été, il y a bien quelques pâturages sur la côte sud-ouest, de ce beau vert dense des pelouses arctiques, mais ils ne s'étendent pas bien loin, les premiers reliefs sont tout de suite là et on se cogne contre la base de l'inlandsis, la grosse dalle de glace qui recouvre toute l'île, un million et demi de kilomètres carrés, trois fois la France, trois kilomètres d'épaisseur, le deuxième plus gros glaçon monobloc du monde, le premier étant diamétralement à l'opposé, sur le continent antarctique.

À la fin du XIXe siècle, l'argument le plus fort en faveur de l'existence d'une oasis de verdure qui serait cachée derrière les falaises surmontées de glace, était la disparition saisonnière des troupeaux de rennes et de caribous. Ils migraient, on les perdait de vue, et ils revenaient l'année suivante, plutôt en forme. Alors on supposait un refuge qui seul expliquerait ce miracle de l'hiver. Avec si peu d'indices, on imaginait très rationnellement une oasis hors gel créée par un mystérieux courant chaud, une branche inconnue du Gulf Stream, ce qui paraissait la seule solution raisonnable ; et c'était aussi une rêverie, si belle qu'elle devait être vraie. En ce siècle, on imaginait facilement des mondes perdus – dans la jungle, dans le désert, dans les glaces, sous l'eau, même. Des romans racontent ces univers seconds que l'on imaginait découverts par un explorateur hardi ou égaré, qui finissait par épouser la princesse héritière de ce monde très ancien et repartir. Les romans d'aventures en donnaient plus d'exemples que les publications scientifiques, mais dans celles-ci on colportait toujours l'espoir d'une telle hypothèse ; elle devait être raisonnable puisque l'on en rêvait.

Quand le baron Nordenskjöld, explorateur suédois, monta en 1870 sur la calotte, il ne vit que des champs de neige jusqu'à l'horizon, un horizon net comme celui d'un océan, séparant la glace éblouissante du ciel d'un blanc plus terne, dans toutes les directions. Il douta. Et puis, sur le chemin du retour, il vit deux corbeaux surgir, se poser sur la trace des traîneaux, sautiller un peu, puis s'envoler de nouveau. Il en conclut que l'oasis de verdure existait bien, mais un peu plus loin, parce que les corbeaux ne s'éloignent jamais d'une terre hospitalière, croyait-il savoir. L'oasis de verdure, si présente dans le rêve qu'on en avait, devait exister puisque deux oiseaux en apportaient la preuve ; on pouvait leur faire confiance, ils servaient déjà de vigies aux Vikings qui en emportaient dans des cages et les libéraient quand ils voulaient trouver une terre encore invisible : s'ils ne revenaient pas, elle était là, s'ils revenaient, c'est qu'elle était trop loin, le corbeau n'est pas un albatros, il faut qu'il se pose à terre. Étrange régime de la preuve, les rêveries n'ont jamais tort : même une absence de preuve les prouve. Quand on ne trouve pas, c'est que c'est plus loin.

Encore en 1951, une expédition française dirigée par Paul-Émile Victor, constituée de vingt-six hommes et des chenillettes, avait évalué l'épaisseur de la glace grâce à une technique géophysique classique : faire exploser des charges et mesurer le temps mis par l'écho pour revenir à des microphones posés à la surface, écho produit par le socle rocheux situé sous la calotte. Ils avaient évalué l'épaisseur de glace à 3 000 mètres, ce qui est encore d'actualité, mais aussi découvert que deux larges canyons coupaient le Groenland de côte à côte, révélant qu'il était constitué de trois îles. Sans confirmation, on oublia ce détail. En 2013, un autre canyon fut détecté à l'aide des faisceaux radar d'un satellite. Perpendiculaire aux précédents, large de 10 kilomètres, profond de 200 à 800 mètres, il s'agit de l'ancien lit d'un fleuve qui avait cisaillé la roche continentale. De toute façon, on ne voyait rien, il y avait 3 kilomètres de glace d'un seul tenant par-dessus, 1 000 kilomètres sur 2 000 d'un bel arrondi blanc et c'est tout.

Du haut du mât, Nansen se disait que ça ne devait pas être si difficile d'aborder ce mystérieux continent à portée de main : il suffirait de descendre du navire immobile, puis de marcher sur la banquise jusqu'à la côte. Cela se ferait aisément à pied pour un marcheur norvégien habitué au froid, et il pourrait enfin regarder, et savoir, et découvrir. Il s'en ouvrit au capitaine, qui refusa. De loin, la banquise a l'air unie et paisible, on croirait un boulevard bitumé en blanc, mais, si on s'approche, on la voit telle qu'elle est : un chaos complexe et instable, car sans cesse brisée et malaxée par les courants marins sur lesquels elle est posée. Le marcheur y est forcé à d'incessants détours, à des zigzags et des escalades, il est exposé à l'ouverture brusque de crevasses et à des basculements de ces beaux blocs d'un blanc bleuté qui, avec indifférence, le feraient disparaître dans l'affreuse obscurité liquide gémissant sous la glace toujours en mouvement. Alors non. Nansen restera à l'abri sur le navire comme tout le monde, en attendant que l'étreinte des glaces se desserre et en espérant que la coque résiste.

Elle résista. Il y eut un changement de vents, l'instable banquise d'été se défit, ils purent repartir, retourner en Norvège avec une cale emplie de phoques morts. Nansen rapporta de ce voyage quelques considérations scientifiques sur le gel et l'eau froide. Il démontra que la glace de mer se forme en surface plutôt qu'en dessous, ce qui devait être visible du bastingage – précision qui laisse pantois tant l'on pourrait penser que l'on s'en serait déjà aperçu –, et aussi que le Gulf Stream, ce précieux courant d'eau tiède qui rend la Norvège habitable, coule en profondeur sous une couche d'eau froide, ce qui cette fois était inattendu, et d'une certaine portée. Il avait mesuré la température de l'eau au bout d'une corde, en avait noté l'évolution en fonction de la profondeur, et avait été surpris : que faisait l'eau chaude sous l'eau froide ? Il le nota sans en donner l'explication, car elle nécessitait de penser à toute la planète à la fois, ce que l'on ne savait pas encore faire.

Venue du golfe du Mexique, l'eau chauffée par le soleil tropical remonte vers le nord, au fur et à mesure elle se refroidit, s'évapore. Sursalée et alourdie, l'eau restante plonge alors brutalement vers le fond de ces mers que le *Viking* parcourait l'été en quête de phoques. C'est là le moteur de la grande circulation océanique planétaire, qui aspire vers le nord les eaux chaudes des tropiques, alimentant des courants d'eau froide qui retournent vers le sud en glissant sur le fond. Nansen naviguait sans le savoir sur le grand tapis roulant qui transfère la chaleur de l'équateur vers les pôles, tempérant la planète.

Et puis il publia un article dans le *Bulletin de la Société royale de Géographie de Copenhague*, affirmant que l'on pouvait facilement traverser le cœur inconnu du Groenland en pénétrant dans les glaces côtières avec un navire solide, et finir à pied.

Les deux Lapons qui accompagnaient le baron Nordenskjöld avaient des skis qui leur permettaient de franchir de grandes distances en peu de temps. Ce fut pour Nansen l'étincelle : « Pour traverser le Groenland, il faut organiser une expédition de patineurs scandinaves », déclara-t-il plus tard. Eh bien voilà, c'est simple, le ski, il sait faire. À Noël, il rentre à la maison à ski, en traversant les Scandes, alors le Groenland… c'est seulement 600 kilomètres, un aller-retour entre Bergen et Christiania. C'est bien de lui, cette affirmation simple et un peu primesautière, cette évidence dans laquelle vit celui qui ne voit pas le problème. Pour Nansen, tout a une solution, volontariste, athlétique ou technique. Le courage et l'obstination, il les a. Il faut seulement réunir quelques moyens, quelques hommes, acquérir des skis, rien d'insurmontable, et se faire amener par bateau le plus près possible. Les 600 kilomètres du désert de glace à 3 000 mètres d'altitude, il en fait son affaire.

Après l'étincelle, après la révélation que le ski, ce divertissement strictement norvégien, pouvait servir de moyen de transport, l'idée fit son chemin : il voulait traverser l'île de part en part, il voulait l'exploit, il voulait la découverte. Il établit le trajet, décida de partir de la côte est, qui est désolée et déserte, pour arriver à l'ouest, là où il y a de l'herbe l'été et quelques établissements danois, d'où il pourra rentrer en bateau. Dans ce sens-là, la nécessité pousserait les hommes comme un vent arrière : la côte orientale n'offrant aucun abri ni aucun secours, ils seraient forcés d'avancer, sans espoir de demi-tour, il faudrait marcher sans relâche ou mourir sur place. Les mots sont de lui, il les écrivit probablement dans le plus grand calme, assis à sa table, en sachant qu'il serait parmi ceux qui avanceraient, poursuivis jour et nuit par le monstre de gel et de solitude. Il pensait aux « hommes » : à ces autres qui devraient lutter pour le suivre, parce que lui, il avancerait.

En 1887, il adressa une lettre au conseil académique de l'université de Christiania. « Je me propose d'organiser l'été prochain une expédition de patineurs pour traverser l'inlandsis du Groenland. » Formulé de cette façon, on imagine la surprise des universitaires et leur probable incrédulité. Il poursuivait : « Jusqu'ici les Norvégiens n'ont guère contribué à l'exploration des terres polaires. Tandis que le Danemark et la Suède ont organisé de coûteuses expéditions vers ces régions lointaines, notre pays est resté indifférent à ce mouvement. Les Norvégiens sont pourtant le peuple le mieux doué pour de semblables entreprises. Plus facilement que tous les autres, nous pouvons supporter le froid de ces régions, et surtout l'habileté de nos patineurs nous assure la supériorité, comme le montrent les deux Lapons qui accompagnaient Nordenskjöld. Une caravane d'hommes chaussés de skis, suivie de traîneaux tirés par des chiens, aurait de grandes chances de réussir la traversée du Groenland. » Et il demanda 5 000 couronnes – pas grand-chose, quelque chose comme 15 000 ou 20 000 euros actuels.

Le conseil académique transmit la requête au ministère en le priant de la présenter à la Chambre, qui refusa la subvention. « Le peuple norvégien est trop pauvre pour consacrer une telle somme à simplement permettre à l'un de ses citoyens de faire un voyage d'agrément au Groenland », dirent-ils. C'est Augustin Gamél, un Danois mécène d'explorations polaires qui avait déjà financé une expédition de Nordenskjöld dans la mer de Kara, qui mit à la disposition de Nansen la somme que son gouvernement lui avait refusée. En 1888, six ans après en avoir eu l'idée, il embarqua. Ils étaient six. Cet homme est constant.

Au début de l'année, il publia le plan du voyage dans la revue *Naturen*, expliquant qu'il s'approcherait en bateau et finirait en canot sur patins pour franchir la banquise en pleine débâcle. Ses promenades autour du *Viking* bloqué par les glaces lui semblaient une expérience suffisante : il avait halé une chaloupe sur un glaçon, il saurait faire. L'île de Disko, à la forme reconnaissable, lui servirait de point de repère de l'autre côté, pour arriver à Christianhåb ou bien à Julianehåb [1] : 670 kilomètres, à 30 kilomètres par jour, il prévoirait des vivres pour trente jours. Voilà, pas plus difficile que ça. L'optimisme méthodique du projet, la candide confiance en un entraînement somme toute rudimentaire, peuvent sembler naïfs, et la presse l'entendit bien de cette façon, qui se moqua : « Monsieur Nansen se propose de traverser à pied la banquise de la côte orientale en sautant de glaçon en glaçon comme un ours blanc. Évidemment, l'auteur ignore complètement la topographie du pays. »

Il reçut quand même quarante candidatures pour l'accompagner dans cette entreprise approximative, mais qui à l'époque faisait rêver. L'aventure polaire était le grand exploit du temps. Il recruta Otto Sverdrup, 33 ans, skieur, chasseur, pêcheur, marin ; Olaf Dietrichson, 32 ans, skieur, randonneur, lieutenant de l'armée norvégienne, chargé pour l'École de guerre des observations météorologiques et des relevés topographiques ; Kristian Kristiansen, 24 ans, solide, motivé, skieur, bûcheron, pêcheur, recommandé par Sverdrup. Une équipe de vigoureux patineurs scandinaves.

Il voulait aussi des chiens pour les traîneaux. Il y avait polémique à leur sujet, certains niaient leur intérêt dans les

1. Aujourd'hui Qaqortoq au Groenland.

expéditions polaires, car ils étaient réputés pour ne pouvoir tirer que le poids de leur nourriture, sur un temps court, et ne serviraient donc à rien. « J'avoue ne pas comprendre cette objection, écrivit Nansen. Ne peut-on pas employer ces animaux pendant un certain temps, et après cela les abattre ? De plus, l'abattage successif des animaux procure de la viande fraîche, et donc point n'est besoin d'une quantité considérable de conserves. Quand arrive le moment de tuer la dernière bête de trait, on a fait du chemin, et ayant mangé tous les jours de la viande fraîche, les hommes sont aussi vigoureux qu'au départ. La viande de cet animal est comestible. Un homme qui ne pourrait pas en manger est indigne de faire partie d'une expédition. »

Il supposa aussi que des Lapons lui seraient utiles, des pasteurs de rennes qui savaient se diriger dans la neige. Il écrivit à un ami habitant le Finmark d'en recruter deux. Il les fallait courageux, et leur expliquer clairement les dangers de l'entreprise : ils avaient autant de chances d'en revenir que d'y rester. Une chance sur deux de mourir gelé sur la glace, c'est bien la seule fois que Nansen quantifie le danger ou même le mentionne ; tout à l'élaboration de son projet, il jugeait de la vie et de la mort avec beaucoup de sang-froid. Il préconisa des célibataires de trente à quarante ans, car « l'homme est à cet âge dans toute sa force ». On rappelle qu'il a alors vingt-sept ans ; il a des avis tranchés sur le cours de la vie – sur toute chose, d'ailleurs.

La réponse se fit attendre, la poste du Finmark ne passait que tous les quinze jours pendant l'hiver. Elle arriva enfin : « Deux solides gaillards sont recrutés ! Ils sont en route. » Plusieurs jours durant, Nansen alla les attendre à la gare de

Christiania, mais ils arrivèrent à petite vitesse par un train de marchandises, c'était moins cher. Il fut un peu déçu, car l'un ressemblait plus à un Finnois qu'à un Lapon, et l'autre était un petit bonhomme à l'air vieillot; le premier de 26 ans, Samuel Balto, gai et très résistant, parlant mal le norvégien; et l'autre de 45 ans, Ole Ravna, qui avait passé toute sa vie sous la tente, assez indolent mais extraordinairement fort et endurant (lui aussi parlait mal le norvégien, mais il savait lire). Il possédait le Nouveau Testament traduit en lapon, dans une édition de poche qu'il emportait partout. Ils savaient tous deux skier, mais aucun n'était pasteur de rennes et ils étaient terrifiés par les perspectives de l'expédition, car tous les gens rencontrés pendant le voyage leur avaient affirmé qu'ils n'avaient aucune chance de revenir vivants.

Le recrutement était raté, rien ne correspondait, Nansen envisagea de les renvoyer au Finmark, mais vu la difficulté d'un recrutement de Lapons, il renonça. Il se résolut à les emmener, et entreprit de les rassurer. Il raconta ensuite que sur l'inlandsis ils ne furent guère utiles, et ne se distinguèrent en aucune circonstance par une intuition particulière du terrain. *Exit* la magie des peuples premiers, en harmonie avec leur environnement, à l'écoute de chaque murmure de leur monde. Il n'y a aucun peuple premier sur la dalle de glace qui recouvre le Groenland, la vie n'y existe pas, et il ne peut y avoir de prescience d'un terrain qu'aucun homme n'a jamais fréquenté.

Sous la flamme légèrement vacillante du pétrole lampant suspendue au-dessus de sa tête, Nansen entreprit de résoudre une à une les questions importantes posées par ce voyage. Rien ne résiste à un peu de méthode menée jusqu'au bout, et la flamme de la lampe faisait vibrer les phrases écrites comme si elles se tendaient, prêtes à bondir. Ainsi ai-je lu adolescent les récits d'aventures polaires illustrés de gravures, bien à l'abri, au chaud, sous la lampe, tremblant d'appréhension devant tous les obstacles que devaient surmonter les hommes aventurés dans ces solitudes, où chacun des gestes les plus quotidiens, rendus invisibles par tant d'habitudes, devient un piège mortel qu'il faut anticiper et surmonter. J'en rêvais, Nansen se préparait à agir.

1. Comment dormir dans le congélateur ?

Prévoir des sacs de couchage en peau de renne, car le renne survit en plein air. En peau de loup, ça aurait été mieux, mais c'était trop cher. De la peau de faon, ça aurait été idéal, mais il ne put en trouver assez – il en faut beaucoup pour tout un sac de couchage. Il se résigna donc au renne adulte. Il fit tailler et coudre deux sacs, ils étaient six, ils dormiraient à trois dans chaque : ce sont des sacs de couchage collectifs, j'ignorais que cela existait, il en parle comme si c'était naturel, comme si tout le monde dormait ainsi dès qu'il fait froid.

Il en aurait bien fabriqué un seul pour six, la seule chose qui l'en empêcha fut la crainte de le perdre. Si le traîneau qui le portait venait à basculer dans une crevasse, ils mourraient de froid dès la première nuit. Alors que s'ils perdaient l'un de ceux à trois places, prudemment répartis sur deux traîneaux différents, ils pourraient se serrer à quatre dans celui restant, et dormir à tour de rôle – j'imagine que les deux autres feraient les cent pas dans la nuit. C'est très raisonnable, comme toujours, mais cela passe sous silence exactement ce qui m'intrigue : dormir dans le noir total à trois messieurs dans un même sac, fermé grâce à une courroie par-dessus la tête, c'est une expérience que j'ai du mal à me représenter.

Dans le récit de son voyage, une gravure à la pointe sèche, comme dans les éditions de Jules Verne, montre le sac, un genre de sac à patates géant avec trois formes vaguement humaines à l'intérieur, et ça ne rassure pas. On dirait un *body bag* hâtif pour massacre de masse, pas une installation permettant de dormir. J'essaie d'imaginer, mais à la seule pensée de cette promiscuité, de la chaleur trop voisine, des retournements inévitables au cours de la nuit, de l'haleine mêlée de tous, je ne vois même pas comment m'assoupir. Je ne suis pas taillé pour une expédition viking en conditions extrêmes. Bon, je précise mais c'est inutile : on ne m'a rien proposé. Tant mieux.

Ils emportèrent aussi une toile de tente, des piquets pour la dresser et des cordes pour la tendre. Même avec le sac en peau de renne, ce serait trop misérable de dormir sur la glace, sous les intempéries, et de finir sous un tas de neige.

2. Comment traîner son bagage sur l'inlandsis ?

« Il faut faire attention. Le succès, voire le salut d'une expédition arctique, dépend de la qualité de son équipement. La rupture d'une courroie peut avoir des conséquences fatales. » Cet avertissement est l'ouverture d'un chapitre dans son récit de voyage. Nansen conçut soigneusement ses traîneaux avec des planches de frêne assemblées par des courroies pour qu'ils restent souples. Ils étaient montés sur des patins d'érable sur lesquels étaient fixées de fines surfaces de glissement en acier. Les traîneaux seraient tirés à force d'homme, puisqu'ils avaient renoncé aux chiens et aux rennes, finalement trop compliqués à nourrir.

Un canot, dessiné pour briser la glace, devait leur permettre de franchir les trous de la banquise d'été. Il était prévu qu'il serait abandonné dès qu'ils auraient mis pied à terre.

3. Comment s'habiller dans le grand blanc ?

À 3 000 mètres d'altitude, sur une étendue de glace uniforme, il fait froid, très froid, plus froid que pendant n'importe quel hiver connu d'Europe occidentale, plus froid qu'en Scandinavie, un froid de l'ordre de - 40 °C alors qu'un congélateur courant tourne autour de - 20 °C, et que cela suffit déjà à transformer la viande en bloc dur auréolé de givre.

Pour les vêtements : Nansen préconise toujours la laine. Il reste fidèle à sa passion hygiéniste pour la laine. Un tricot de corps, une fine chemise, un caleçon de laine douce, et par-dessus une veste et des jambières d'un drap grossier fabriqué en Norvège. De la laine, car c'est l'homme le radiateur, c'est lui qui produit la chaleur qui sauve, et dans les passages difficiles sur les glaciers crevassés en pente, quand ils peinaient à grimper en tirant leurs traîneaux, ils transpiraient comme en été et montaient en bras de chemise. Grâce à la laine, la sueur s'évapore et la peau reste sèche. Ils portaient aussi un pardessus de toile à voile, pas très imperméable sous une averse, mais dans les tourmentes, quand le vent soulevait une fine poussière gelée qui venait les fouetter, il empêchait les particules de glace de pénétrer dans le tricot de laine, d'arriver au contact de la peau et de fondre. Trempés, ils auraient gelé. Un large capuchon leur protégeait le visage, leur barbe protégeait leur peau.

Voilà de quoi il faut se prémunir dans ces lieux invivables : de la transpiration, des fluides et de l'humidité, de tout ce qui peut geler, parce que l'homme est un être d'échanges liquides, infiniment vulnérable au gel, mais aussi à l'ébullition et à l'évaporation extrême – ce qui le menace dans d'autres parties invivables du monde parce que trop chaudes et trop sèches. Voilà la condition humaine, du fait de notre complexion liquide : on gèle, on s'évapore, on meurt. Ah, les fluides ! Quel fléau ! Mais c'est la vie même, on ne peut pas faire sans. Les mêmes questions se sont posées durant la conquête de l'espace, qui est vraiment le pire endroit pour un être vivant, à la fois vide, brûlant et glacial. Pour préserver nos précieux fluides de l'ébullition ou du figement, qui ne manqueraient pas au premier pas dans le grand dehors, on conçut d'ingénieux systèmes d'isolation, de réchauffement et de refroidissement *en même temps*, dans un équipement totalement étanche.

Les deux Lapons resteraient habillés en Lapons, avec une robe de fourrure, des jambières de peau, et un petit bonnet à quatre pointes, le tout d'un très beau bleu, joliment décoré de broderies rouges. Nansen, élégant, emporta une petite veste doublée de peau d'écureuil, ce qui est très chic et très chaud. Pour les mains, des moufles en laine, et par grand froid des gants en peau de chien, avec la fourrure à l'extérieur, qui devaient produire un effet assez étrange, comme des mains de loup-garou. Pour les pieds, deux paires de chaussettes et des brodequins de cuir recouverts sur leur soufflet d'une bande de peau de mouton. Et puis les yeux, ne pas oublier les yeux : des expéditions du début du siècle échouaient faute de lunettes. Au soleil, la glace est un affreux miroir, un éblouissement permanent au point de détruire le délicat organe de la vision, et finalement de forcer à marcher les yeux clos, à tâtons, et risquer de disparaître dans une crevasse. Ils emportèrent des lunettes fumées aux verres concaves teintés de rouge pour bien envelopper les yeux de tous côtés, et puis ces étranges lunettes en bois des Esquimaux, une petite planchette retenue devant les yeux par une bride, percée devant chaque œil d'une fente horizontale. Pas de buée, c'est un avantage, mais peu de champ de vision, l'étroitesse de la fente faisant entrer très peu de lumière mais aussi très peu d'image. Pour tirer un traîneau, ça suffit, mais à ski ça peut être fatal : en allant vite, on frôle les crevasses sans les voir. Tout ce vestiaire bien sûr en un seul exemplaire, enfilé pour deux mois. Bon, par -40 °C, il faut ce qu'il faut.

4. Comment avoir de l'eau quand on est sur la glace ?

Contrairement au premier mouvement que l'on aurait tendance à faire, il n'est pas recommandé de se baisser pour ramasser une poignée de neige ou un glaçon, de les porter à sa bouche et les sucer jusqu'à déglutition. Aux températures auxquelles descend la neige, on y laissera ses dents, sa langue, et toutes les muqueuses de l'intérieur de la bouche, idéalement conservées à 37 °C : le froid les détruirait. C'est un supplice de Tantale d'être dans une atmosphère très sèche qui donne soif, de marcher sur un si gros glaçon et de ne pouvoir le boire – supplice partagé par les naufragés des océans sur un canot, une barcasse ou une planche, desséchés par le soleil et flottant sur plus d'eau qu'ils ne pourraient jamais en boire, mais trop salée, et par là mortelle. La neige de l'inlandsis, il faut la faire fondre et la réchauffer avant de la boire, et donc disposer de chaleur, précisément ce qui manque sur ces étendues désolées. Alors ils portèrent chacun une petite bouteille de fer-blanc attachée par une courroie autour de leur cou, sous leurs vêtements, contre leur peau. Ils y mettaient quelques poignées de neige, et, au cours de la journée, elle fondait; ils buvaient en marchant. Ils emportèrent aussi tout exprès un grand réchaud à alcool, une sorte de gros tube métallique à la base duquel étaient installées six mèches dans une chambre de chauffe bien ventilée, une casserole en cuivre dessus pour la cuisine, et au-dessus encore un réservoir où ils plaçaient de la neige. L'appareil était enveloppé de feutre pour ne rien perdre, fermé d'un couvercle. En une heure par -40 °C, ils chauffaient 5 litres de chocolat, obtenaient 4 litres d'eau à quelques degrés, consommant ce faisant 30 centilitres d'alcool. Sur leurs traîneaux, ils emportèrent trois réservoirs de 10 litres d'alcool que Nansen, en luthérien méfiant quant aux excitants, psychotropes et autres substances qui font rire, empoisonna d'alcool méthylique pour le rendre impropre à la consommation. Il mesurait la tentation que constituaient trois barriques de tafia dans une expédition polaire, et résolut la question par le poison, conscient que l'exhortation morale a ses limites. Il fallait lutter contre la rumeur selon laquelle l'alcool réchauffe et stimule, alors que ce n'est qu'une façon de tituber, de trébucher, de tomber et de mourir gelé face contre terre, comme l'hiver dans les villes du Nord, en ces pays où l'on abuse des spiritueux dépassant 40 degrés. Il ne faut pas confondre les chiffres : par -40 °C, les 40 degrés d'alcool ne compensent pas, ils tuent. Et Nansen de raconter la fin de l'expédition Greely dont on eut des nouvelles en 1884 : un bateau perdu sur les côtes de l'île d'Ellesmere, dix-neuf morts sur les vingt-cinq membres d'équipage, par la faim, le froid, la noyade, et l'horrible histoire du sergent Rice, à bout de forces, qui but du rhum mêlé d'ammoniaque pour se donner un dernier coup de fouet, et qui s'effondra, tomba dans les bras du sergent Frederick, lui aussi remonté au rhum, qui se dépouilla de ses vêtements pour le sauver du froid terrible – et tous les deux de succomber. C'est sûr, Nansen, on ne le prendra pas à lever le coude. En tout cas pas dans la neige.

5. Où prendre un chocolat chaud entre Amikitsok et Godthåb ?

Nansen considérait aussi avec circonspection le café et le tabac. Les hommes en emportèrent, mais de petites quantités, et le chef de l'expédition les rationna drastiquement : il menait sa troupe à la trique. Ils essayèrent quand même, mais boire du café l'après-midi, à la scandinave, troubla leur sommeil, ce qui est très désagréable quand on est à trois dans le même sac de peau de renne. Nansen en limita la consommation au déjeuner, mais cette restriction n'arrangea rien ; il y renonça, c'est-à-dire qu'il interdit à tout le monde d'en prendre. Au matin, c'était thé léger avec du lait condensé. Quant au tabac, il autorisa à fumer une pipe le dimanche, ou après chaque étape importante. Les excitants troublent le corps et l'esprit, et Nansen considérait que l'alimentation doit toujours être simple et naturelle. « Il faut ignorer la physiologie pour croire que les excitants ont une influence salutaire. » Il ne toléra que le chocolat, dont ils emportèrent 20 kilos. Un admirable chocolat à la viande, note-t-il, contenant 20 % de viande en poudre, ce qui le rendait tout à la fois nourrissant et agréable, disait-on, mais on n'imagine pas du tout le goût que ça pouvait avoir, on a perdu le secret du chocolat à la viande. Ils le faisaient dégeler sur le réchaud pour le boire liquide, et en croquaient de petites quantités pendant la marche.

C'est étrange, ces goûts disparus dont la seule évocation maintenant étonne et dégoûte un peu.

6. Craignez-vous le gras ?

Parce que c'est ça qu'il faut, de la graisse pour se soutenir pendant les grands froids, surtout si ceux-ci sont subis jour et nuit, pendant des semaines passées à tirer un traîneau sur la glace. La graisse, c'est de l'énergie sous petit volume, et de l'énergie, il en faut pour alimenter la chaudière du corps, poussée à fond en permanence. Alors Nansen commanda du pemmican. Les lecteurs de Jules Verne dont je fus auront reconnu le mot, car les aventuriers de ses romans emportent toujours dans leurs bagages du fulmicoton et du pemmican, de la poudre sans fumée et de la viande au gras. On peut faire confiance à Jules Verne, car si son bateau ne s'est jamais éloigné des quais de Nantes, il est bien renseigné. Le fulmicoton cache sous son nom pas sérieux une nitrocellulose explosive, un coton-poudre apte à charger des munitions. C'était alors un explosif moderne, gloire de l'industrie, qui servit dans les romans à donner aux aventuriers une touche de modernité efficace. Pareil pour le pemmican, au nom marqué d'un soupçon d'exotisme pour qui n'est pas canadien, et qui joue le même rôle dans le domaine alimentaire : du moderne un peu magique, qui donne de l'allant à l'aventurier. Il s'agit de viande confite dans la graisse, selon le principe du confit béarnais, mais une viande séchée au feu ou au soleil, devenue dure et friable, réduite en poudre fine puis imbibée de graisse et mêlée de baies rouges qui apportent antioxydants, sucres et vitamines. Le pâté compact que l'on obtient est léger, imputrescible, une bombe calorique qui tient au creux de la main.

Sur le plan du goût, c'est selon… Un explorateur des débuts du XIXe siècle en voyage chez les Indiens lui trouva « un goût de chapelure baignée de suif », mais il reconnut plus tard qu'avec de bons produits, et si l'on ajoute des baies acidulées, il en est d'excellents. Cet aliment magique, Nansen en commanda une grande quantité à la maison Beauvais de Copenhague. On lui assura que la recette américaine (plutôt amérindienne) était scrupuleusement suivie. Quand le prétendu pemmican fut livré, il s'aperçut que c'était de la viande séchée, mais sans le tiers ou la moitié de graisse à laquelle il s'attendait et dont il avait besoin. Alors il prit du beurre et du pâté de foie sur les conseils du commandant Hovgaard, officier de marine danois qui avait exploré les mers arctiques. On bricolait, on se donnait des conseils, on se passait des trucs. Les conserves de pâté de foie de Hovgaard avaient dû rester en cale, à température froide, mais pas tant que ça, parce que sur l'inlandsis le pâté de Nansen gela à cœur. En essayant de le couper, ils cassèrent plusieurs couteaux et durent le terminer à la hache.

7. Quelle boîte à outils dans le Grand Nord ?

Ils emportèrent divers instruments et outils : théodolite [2], chronomètre, montre, hypsomètre [3], un sextant dont l'horizon artificiel en mercure ne gela jamais à midi quand ils faisaient le point, donc ne dépassant pas les - 39 °C, mais ils ne l'utilisaient pas la nuit. Un fusil, efficace pour les phoques et les oiseaux. Pour un ours, il faudra un excellent tireur, et tirer de pas trop

2. Instrument portatif d'astronomie et de topographie permettant de mesurer des angles.

3. Instrument servant à mesurer la pression de l'air en altitude d'après la température d'ébullition de l'eau pure.

loin, dans l'œil, avec beaucoup de sang-froid. Des longues-vues, des crampons à glace pour les chaussures, de longues perches de bambou à tout faire, à l'extrémité desquelles on pouvait visser des pointes, des piolets, et même une pelle à creuser la neige pour se réfugier dans une caverne en cas de perte de la tente, une balance pour peser équitablement les rations. Et puis, dans la pharmacie, de la cocaïne et de la vaseline dont on se perd en conjectures quant à leur usage.

Allez, on y va.

❊❊❊

Je suis monté voir madame Abkarian avec les photos de Nansen que j'avais trouvées sur Internet. Il y en avait beaucoup. C'est un homme que l'on a beaucoup photographié, à tous les âges. Enfant, il était aimé, jeune adulte, il aimait se montrer, et, homme mûr, il était célèbre. Je me suis assis sur son lit à côté d'elle en prenant garde de ne rien froisser et de ne pas écraser ses jambes fines, à peine visibles sous la couverture, et j'ai fait défiler les images une à une sur l'écran.

— Tu ne les as pas en papier ?

— Non. Maintenant c'est comme ça, les photos.

— Ah bon.

Elle les a regardées, puis son attention s'est évaporée, il y en avait trop. Cette profusion la fit rire, elle désigna le boîtier de mon ordinateur ultrafin.

— Eh bien, dans ta boîte qui ne pèse rien, il y en a plus que dans ma bibliothèque qui pèse un âne mort… D'ailleurs, elle ne sert qu'à ça, ma bibliothèque, à garder une seule photo. Parce que sinon, les livres, je ne m'en sers pas.

Ses livres, en effet, n'étaient pas de ceux qu'on lit, plutôt des éditions complètes et reliées, que l'on achète au mètre pour remplir les rayons. Dans la chambre de madame Abkarian, la bibliothèque massive était une cathédrale de bois ciré, dont le tabernacle abritait une photo, un petit cierge esquimau et *lépapié*. Mais ma collection complète ne l'intéressait pas, leur nombre ne l'intéressait pas, beaucoup d'images ne la rapprochaient pas de ce qu'elle contemplait sur le visage photographié qu'elle gardait près d'elle. Elle me fit ouvrir le petit tabernacle, me demanda d'apporter sa photo de « monsieur Nansen », qu'elle prit dans les mains et regarda encore une fois.

— Cela me suffit, tu vois.

Je lui fis remarquer qu'il ne souriait pas beaucoup, et que d'ailleurs sur les photos que j'avais vues, jamais il ne souriait.

— Mais pourquoi veux-tu qu'il sourie ? Avec toutes les horreurs qu'il a vues, les misères qu'il a soulagées…

— Oui, quand il était diplomate, mais même avant il ne souriait pas, quand il était jeune, et même enfant.

— Eh bien, c'est qu'il était prêt à soulager les misères. C'était déjà en lui. Tu as déjà vu un humanitaire sourire ?

— Je n'en sais rien. Je n'en connais pas.

— Je peux te dire, ils ont l'air grave. Par contre, je me souviens que mon père était un homme très souriant. Avec *lépapié* dans le sac de ma mère, il pouvait aller partout ; alors ça, ça fait sourire. Je me souviens de sa petite moustache qui se relevait, de ses dents très blanches. Il était né ottoman, et puis il n'était plus rien. Quand le grand empire du sultan est devenu la petite Turquie d'Atatürk, il n'y avait plus que des Turcs. Les Arméniens ont été tués, les Grecs expulsés, et les Kurdes, eh bien, ils sont devenus des Turcs des montagnes. Quand il a reçu *lépapié* à son nom, écrit en français, mon père brusquement est redevenu un homme parmi les hommes, et le sourire est revenu. Tu sais que je suis née ottomane ?

– Ottomane... Quel mot ! Ça n'existe plus depuis tellement longtemps... C'était... un autre temps, on disait Constantinople, Smyrne...

– Ça oui... Et à Smyrne, on a eu chaud aux fesses...

Je la regardai, interloqué, cela ne lui ressemblait pas de dire des mots pareils.

– « À Smyrne, nous avons eu chaud aux fesses », c'est ma mère qui le disait. Tout leur exil résumé en une phrase qu'elle terminait en riant, en se cachant la bouche de sa main. C'était la seule vulgarité qu'elle se permettait en français, et elle la disait avec son accent levantin qui me faisait honte quand j'étais jeune, et que maintenant j'aimerais tant réentendre. Je n'arrive même plus à l'imiter.

– Chaud, vraiment ?

– Les Turcs ont incendié la ville, et nous étions dedans, avec les Grecs, avec tous les chrétiens de l'empire. Nous avons été recueillis dans le port par un navire, beaucoup n'ont pas eu cette chance. Tout a été effacé à Smyrne, même le nom... Tout le monde a été effacé... sauf moi, conclut-elle avec un petit rire fragile.

– Sauf vous, répétai-je rêveusement.

– Mais ça ne va pas tarder, me taquina-t-elle.

– C'est pourquoi il faut que je raconte l'histoire de monsieur Nansen.

– Oui. Au moins pour garder le souvenir du sourire de mon père.

— Monsieur Nansen, Norvégien, qui a rendu le sourire à monsieur Abkarian, Ottoman déchu. Ça ne va pas être facile à expliquer…

— Alors là, ça, c'est ton boulot.

Elle n'avait pas tort. J'y retournai. Je descendis un étage et me remis au travail.

***

Dans la soirée du 4 juin 1888, après une belle et longue journée d'été illuminée du pâle soleil islandais, le *Jason* du capitaine Jacobsen quittait Ísafjörður. Ce chasseur de phoques, habitué à naviguer entre les glaces, avait accepté de poser les six aventuriers aussi près que possible de la côte rocheuse. Au moment où le navire sortait de la baie et s'engageait dans la haute mer, le soleil éclaira une dernière fois les plateaux de basalte qui s'élevaient autour du fjord ; les pans de roche noire tournés vers l'ouest étincelèrent comme de mystérieux miroirs d'obsidienne, pendant que des fumerolles froides sortaient des fissures de la roche, faisant ressortir sa précise stratification. Ils saluèrent l'Islande, cette pauvre île perdue dans l'océan Boréal où l'on peut à peine habiter, et s'engagèrent plus avant, dans plus froid, plus sombre, dans toujours plus désolé ; ils franchissaient l'ancien parapet de l'Europe.

Des centaines de mouettes accompagnaient le navire en tournoyant et en piaillant, enveloppant la poupe et le mât d'une agitation et d'un caquetage continus. S'emparant des revolvers et des carabines disponibles à bord (il y en avait toujours dans les navires allant rôder dans ces territoires de chasse), les marins et les membres de l'expédition tirèrent sur les oiseaux pour exercer leur adresse, ou pour participer au bruit, ou bien pour manifester leur agacement devant une telle agitation. Les balles se perdaient, frôlaient les ailes, provoquaient de brusques demi-tours en vol ; une mouette blessée tomba, flotta sur la mer, une aile étendue sur l'eau, tachée de sang. Ses congénères tournaient autour d'elle en caquetant ; « le navire ne s'arrêta pas pour la recueillir », note étrangement Nansen, qui resta au bastingage pour la voir s'éloigner, battre l'eau de ses ailes, entourée de ses camarades : « Pauvre victime de notre cruauté ! s'exclame-t-il. Sommes-nous inhumains de prendre plaisir à torturer ces pauvres oiseaux ! » Il y a là toute l'ambiguïté du jeune homme : la violence à fleur de peau, prêt à défourailler par réflexe dès qu'il a une arme à portée de main et des animaux en vue, et en même temps, ou juste après, un sens moral qui lui fait haïr la violence et considérer les vivants, hommes ou bêtes, comme sacrés. Mais les points d'exclamation, qui sont de lui, font un peu douter de la profondeur du repentir : la violence viking est contenue sous un fragile vernis luthérien : on tire d'abord et puis on s'en inquiète et on fonde la Croix-Rouge (qui est suisse, mais c'est le même principe).

Ils pêchèrent ensuite des morues pour les manger ; les bancs étaient nombreux, denses, et les poissons mordaient toujours aussi naïvement à l'hameçon. L'Atlantique Nord était un garde-manger sans fond, et il faudra un siècle de pêche industrielle pour commencer à l'épuiser.

Le lendemain, 5 juin, ils rencontrèrent la glace.

La nuit vint, laissant une vaste traînée lumineuse à l'ouest. L'océan était un miroir d'encre où se reflétaient les constellations, la haute masse du *Jason* était noire, verticale, les côtes d'Islande avaient disparu dans une dernière lueur violette.

« Nous quittons nos familles, nous abandonnons la vie civilisée, que trouverons-nous ? Nul ne le sait, mais à coup sûr cela doit être très beau », nota Nansen. Il avait en permanence et en tout un regard de peintre romantique. Il regardait, de tous ses yeux regardait, il notait les couleurs dans son journal de bord, car dans la lumière arctique elles sont nombreuses et changent en permanence.

Il se souvenait que la première fois qu'il avait vu la banquise, c'était de nuit. Il avait vingt et un ans, la vigie avait signalé de la glace à l'avant : « *Is !* », dit-on en norvégien. Ça sonne comme un grincement, le grincement des glaçons qui se frottent les uns aux autres, car la banquise, en plus de la masse luminescente qui émerge de la nuit, est un bruit, un vacarme étouffé de chocs et de grincements, des blocs qui se heurtent et s'écrasent, un bruit général dont on ne sait pas d'où il vient, de la substance de l'air peut-être, un roulement continu qui inquiète et dont on ne sait comment se protéger. Six ans plus tard, c'est la même chose. Le bruit. Le navire était environné de glaçons dont la taille variait, cinq, dix, quinze mètres, qui se balançaient sur les vagues noires, se heurtaient, heurtaient le navire, et le navire en avançant les heurtait à son tour, il avait été bâti pour cela, pour pousser hors de son chemin les blocs de plusieurs dizaines de tonnes qui flottaient autour de lui comme des bouchons sur les vagues. Les chocs étaient violents, le navire tremblait, les hommes debout sur le pont vacillaient et parfois tombaient. « Ces blocs, nul n'en sait le lieu d'origine et le mode de formation. Selon toute vraisemblance, ils viennent de la partie la plus septentrionale de l'océan polaire, où nul navire n'a encore pénétré. » On imagine bien que tout cela vient du Nord, du froid, mais signaler cette trivialité avec emphase est une façon littéraire et vibrante d'évoquer les bords mystérieux du monde. *Mare incognita, terra nullius*, Hyperborée : c'est ce dont il veut parler, c'est exactement là qu'ils vont.

Le 7 juin, ils aperçurent des phoques sur la glace. Le capitaine donna l'ordre de mettre les embarcations à la mer. Au matin, la moitié de l'équipage partit à la chasse, l'après-midi l'autre moitié, Nansen se réjouit de réussir à tirer quelques animaux. Ils abattirent 187 phoques – « un maigre butin ! », s'exclama-t-il. Ainsi, à la fin de ce siècle, on flinguait pour passer le temps, occupation étrange qui coûta la vie à pas mal de bisons, de lions et d'ours blancs.

Le 11 juin apparut la côte crénelée de pics, « comme des clochers d'églises dont la flèche serait cachée dans les nuages ». Le navire tenta de s'approcher en louvoyant entre les glaces qui tantôt s'ouvraient, tantôt se fermaient. Cela dura des jours pendant lesquels on moissonnait les phoques à coups de fusil.

Le 17 juillet, ils chargèrent le canot, écrivirent des lettres qu'ils confièrent au capitaine, des mots enthousiastes à des amis et des amies, mais dont la salutation finale était toujours un adieu vibrant. Derrière Nansen, ils se tinrent un moment sur le pont pour saluer tout l'équipage, Sverdrup le marin, Dietrichson le soldat, Kristiansen le jeune athlète, et aussi Ravna et Balto, un peu en retrait car intimidés par leur norvégien hésitant. Le capitaine Jacobsen, très calme malgré le choc sourd des glaçons contre la coque, serra la main à chacun et leur souhaita bonne route. Ils descendirent dans le canot, prirent les rames et souquèrent, les soixante-quatre marins pressés contre le bastingage lancèrent trois « Hourra » ! Le drapeau norvégien fut hissé.

Ils avançaient à la rame entre les glaçons, parfois ils ouvraient un passage au pic et à la hache, et quand tout était vraiment soudé, alors ils abordaient, hissaient le canot, le tiraient sur la banquise jusqu'à retrouver de l'eau. Il tombait une petite pluie, c'était quand même l'été, ils portaient leur imperméable avec le capuchon rabattu sur le visage. Des tourbillons parfois les happaient, les glaçons tournoyaient et se renversaient, menaçant leur embarcation, mais elle était lourde et stable.

Ils progressèrent la nuit parce que la nuit n'était pas exactement la nuit. Ils dressèrent la tente sur un glaçon qui fut emporté par le courant. Ils dérivèrent, l'eau s'infiltra dans la tente. Il pleuvait toujours, c'était fastidieux, quand même. Le radeau de glace sur lequel la tente avait été dressée mesurait 30 mètres dans sa plus grande longueur. Pendant la nuit, il fut secoué, heurté, et il se fendit, une partie emportée. Il se fendit encore, de l'autre côté. Leur abri était de plus en plus réduit. Les deux Lapons se réfugièrent dans la barque recouverte d'une bâche, et l'un lut à l'autre les Écritures, l'épisode de la tempête sur Tibériade, et Lui qui arrive : « N'ayez pas peur. » Ils se préparaient à leur fin.

Ils cuisirent une soupe – ce n'est pas parce que la fin approche que l'on n'a pas faim. Le roulis de leur refuge menaçait de renverser le réchaud. Ils étaient à la merci de la stabilité d'un glaçon, trempés, la mer se soulevait, la hauteur des vagues leur cachait la banquise quand ils plongeaient dans les creux. Ils se serrèrent dans la tente, l'un d'entre eux veillant pendant que les autres dormaient, pour les réveiller en cas de brisure de la glace et de naufrage général. Qui n'eut pas lieu.

Il faut donner les dates et compter les jours, car toute l'affaire est un compte à rebours. Ils sont seuls sur une côte désolée, personne ne viendra les chercher, la première présence humaine est à 600 kilomètres devant, et en septembre tout surgèlera et sera infranchissable. Barrer un par un les jours sur le calendrier, c'est mesurer ce qui a été fait, mais aussi voir diminuer le temps qui reste. C'est une course contre la montre.

Le 21 juillet, ils atteignirent la banquise compacte. Tout était calme, le soleil était chaud. Au-dessus d'eux s'étendait l'inlandsis, la calotte géante posée sur la côte rocheuse. Un énorme glacier descendait jusqu'à la mer. Ils abordèrent un massif rocher noir, foulèrent le sol ferme du Groenland. Ils virent de la mousse, des brins d'herbe ; ils riaient, se les montraient, cueillaient une fleur, un rien les amusait. Le sol ne se déroberait plus sous leurs pieds.

Nansen grimpa sur les rochers, il s'assit et ébaucha un croquis du paysage qui se déployait. Il se laissa piquer par un moustique, puis par plusieurs, puis une nuée : douleur et démangeaisons étaient bien la preuve qu'ils avaient abordé la terre ferme. Une *Emberiza* nivéale se posa à côté de lui, sans crainte. Ils préparèrent du chocolat chaud et, comme c'était fête, ils ajoutèrent des biscuits, du gruyère et de la confiture d'airelles. Le reste du temps, ils mangeraient surtout des biscuits et de la viande séchée, boiraient de la glace fondue, ils n'auraient pas le temps de préparer autre chose, l'été est court et déjà presque passé, pas une minute à perdre. Pendant les nuits toujours claires, ils dormiraient peu.

Dans le piaillement des mouettes, Nansen entendit un cri, on aurait cru une voix humaine, mais dans cette immensité il crut rêver, il pensa à des grèbes. À tout hasard il répondit, le cri revint, se rapprocha, de plus en plus humain. Un Lapon prit la lunette et annonça qu'il apercevait quelque chose, deux taches noires en mouvement entre les glaçons. C'étaient deux hommes en kayak. Ils s'approchèrent, et bientôt agitèrent leurs rames pour saluer. Ils abordèrent, sautèrent de leurs embarcations et les tirèrent sur la grève. Les deux petits bonshommes d'apparence très jeune, cordiaux, bavards, s'exprimaient dans une langue que personne ne comprenait : « Voici devant nous deux représentants des fameux païens de la côte orientale du Groenland. » On ne peut pas dire que Nansen soit bien renseigné. L'extraordinaire est que, dans l'immensité désolée, deux groupes d'hommes parviennent à se reconnaître et à se rejoindre.

Après ce mot de païen que l'on croirait sorti d'une chronique médiévale, Nansen utilise toutes sortes de noms pour désigner ces gens qu'il rencontre pour la première fois. Il dit « indigènes », ce qui en 1888 n'a rien d'étonnant, il utilise « naturels », qui est déjà un peu archaïque, que l'on employait plutôt dans les récits d'exploration du Pacifique au XVIIIe siècle, et puis naturellement « Eskimo », dans sa graphie danoise, mais très peu. Le terme qu'il utilise le plus est « Groenlandais », ce qui est des plus logique. Mais presque un siècle et demi après, quel mot utiliser pour raconter son voyage ? Par habitude, « Esquimau » parle encore aux Français, mais au Canada, où certains vivent, le terme ne s'emploie plus. On le trouve dépréciatif. Il vient de l'extérieur, des Amérindiens algonquins de la forêt boréale, qui regardaient avec étonnement et un peu de mépris sans doute, voire d'hostilité, leurs voisins de la toundra et des glaces. « Esquimau » signifierait dans leur langue « mangeur de viande crue », ce qui n'est pas très civil et met en doute leur humanité – humanité qui commence, on le sait par Lévi-Strauss, avec la grillade et le ragoût –, mais qui n'est pas faux non plus, au vu des pratiques culinaires extrêmes de ces gens-là, pour qui la cuisson n'est pas la meilleure façon de préparer le phoque, la longue macération qu'ailleurs on appelle putréfaction étant une délicieuse alternative. Une autre étymologie, toujours algonquine, renverrait à « ceux qui parlent une autre langue », qui a l'air plus neutre, mais correspond exactement au terme de « barbare ». Eux-mêmes s'appellent Inuit entre eux, qui signifie « les êtres humains », « nous les gens », une façon de se nommer partagée par de nombreux peuples qui se trouvent un peu seuls dans la grande nature pleine d'esprits et d'animaux. Dans la terminologie moderne, l'entité politique qui occupe la grande île du Groenland s'appelle le Kalaallit Nunaat, soit la Terre des Groenlandais. Nommons-les ainsi, Groenlandais, tout le monde a l'air d'accord.

Quand il vit arriver les deux Groenlandais, donc, Nansen tira de son bagage une feuille sur laquelle un ami lui avait écrit quelques phrases usuelles. Il aurait voulu leur demander l'état des glaces, mais ils ne comprirent absolument rien à ce qu'il disait, erreur de dialecte ou prononciation exécrable, on ne sait ; ils lui répondirent dans leur langue inconnue, sans qu'il y entende rien non plus. Alors tout le monde fit des gestes, des grimaces de théâtre, et Nansen finit par comprendre que le glacier tout proche était dangereux, qu'il ne fallait pas naviguer trop près. Il ne lui paraissait pas si terrible, malgré sa largeur de plusieurs kilomètres, il n'était pas trop haut, environné de blocs pas trop énormes, mais eux allaient en kayak de peau, et lui en solide canot de bois. Ils lui expliquèrent par gestes et mimes que des choses remontaient du fond, renversaient les bateaux, noyaient les gens. La rusticité du mode d'échange ne permit pas de comprendre s'il s'agissait d'orques, de glaçons ou de sirènes, d'attaques ou d'accidents, mais il est possible que, dans l'esprit des habitants des glaces, ce ne soit pas très différent. Peut-être ne voyaient-ils la glace, les prédateurs ou les fées que comme les différentes formes d'une même hostilité générale de ce monde glacial peu accueillant aux hommes.

Les Groenlandais repartirent, les Norvégiens les suivirent, et ils arrivèrent à un campement de tentes dressées sur la grève où étaient tirés une multitude de kayaks et d'umiaks, les fines embarcations de chasse et celles plus ventrues de transport, faites d'une armature de bois flotté ou d'os de baleine et tendues d'une peau cousue, étanchéifiée de graisse. Tout le monde se précipita pour regarder les grands Norvégiens manœuvrer leur gros canot de planches équipé de ferrures, ils s'en émerveillaient, les acclamaient avec des huées triomphales de supporters quand la solide étrave brisait les glaçons qui auraient éventré un kayak. Dès qu'ils abordèrent, les Groenlandais vinrent les examiner. Souriants et bavards, ils les tâtaient, se montraient les uns aux autres les outils, les vêtements, tout ce métal et ces textiles si rares en leur monde dépourvu d'objets sinon ceux tirés de la pierre, des bois flottés et des animaux. On les entoura, on les invita, on les fit entrer dans une grande tente où, dès le rideau d'intestins de phoque franchi, une violente odeur organique les saisit. Il régnait dans cet abri une douce chaleur, tout le monde était à poil, hilare, serré sur un lit de planches recouvert de peaux. Ça sentait les corps bruts, le suint, la graisse, l'urine, aussi. Une douce lumière venait de lampes de pierre qui, par une mèche de mousse, brûlaient de la graisse de phoque, permettant en même temps de sécher des peaux de phoque sur des étendages et de mijoter des marmites de ragoût de phoque. Dans de petites bassines était précieusement gardée l'urine humaine qui trouvera de nombreux usages – entre autres tanner les peaux de phoque. Dans cette ambiance confinée, chaleureuse et surpeuplée, c'est vrai que l'odeur était forte, d'hommes et de phoque mêlée. Ce n'est pas une image que de parler de civilisation du phoque, c'est une sensation, une odeur, un goût. Nansen dit qu'on finit par s'y faire, mais ce n'est pas vrai pour tous. Lui, si, mais il se fait à tout par principe ; et s'il ne s'y fait pas, il n'avouera rien.

Dans la lueur dorée des lampes à huile, tout le monde gesticulait, tout le monde rigolait, personne ne comprenait rien mais ce n'était pas grave. On offrit aux Norvégiens des courroies de cuir : c'était un cadeau. Ils ne savaient pas trop comment le rendre, leur équipement étant limité au minimum. Ils donnèrent des boîtes de conserve vides qui réjouirent leurs hôtes : un récipient solide et léger est un trésor, car sous ces latitudes il faut creuser un bloc de pierre tendre pour fabriquer une marmite.

« On s'accoutume vite à la saleté, écrit Nansen, et c'est même assez facile pour nous, vu notre état. » Si le visage des Groenlandais était couvert d'une couche de crasse qui se craquelait lors de leurs nombreux sourires, celui des Norvégiens était tout autant envahi de crasse brune, qui faisait ressortir leurs yeux clairs. Nansen se posa la question de la beauté de ces gens. C'était important pour lui, la beauté. Les nombreux portraits que l'on garde de lui laissent penser qu'il a conscience de la sienne, une beauté mâle et scandinave qu'il aime à montrer, exhiber, conserver, publier et offrir. Mais eux ? Il admet qu'il est difficile d'en juger, car la beauté est quand même chose relative. Si l'on prend comme point de comparaison le type grec, les indigènes de la côte est du Groenland, avec leur nez plat, leurs yeux fendus, leur visage semblant avoir subi une pression sur le devant qui aurait repoussé les masses charnues sur le côté, en sont bien éloignés ; mais si la beauté est ce qui charme et attire plaisamment le regard, par leur humour, leur jovialité, leur amabilité, elle est largement distribuée parmi eux. Une jeune femme attira le regard des explorateurs ; elle ressemblait de façon frappante à une jolie Norvégienne de leur connaissance. Ils se le dirent sans s'être concertés : vêtue d'une élégante toilette à la mode de 1888, elle aurait eu dans les salons de Christiania un joli succès. Parler ainsi à la fin du XIXe siècle, c'est dépasser l'européocentrisme, cette idéologie spontanée, par un regard singulier sur les personnes qui les entourent, les reconnaissant comme telles – ce qui n'est pas si courant dans les relations de voyages que nous a laissées cette période impitoyable pour les peuples d'outre-mer. Notée dans son journal, conservée pour la publication, cette simple remarque laisse penser que tout en étant un homme de son temps, Nansen a suffisamment de distance avec les usages et les idées pour interroger toute chose par lui-même, et lui donner une réponse qui n'est pas celle de l'époque : tous les hommes se valent et fondamentalement se ressemblent.

Mais de jolies toilettes il n'était pas question dans la douce chaleur de cette tente où tout le monde était entassé. Un homme vêtu d'un simple lacet autour de la taille présenta sa femme, potelée, ceinte d'un simple lacet elle aussi, et hilare. Il tapota ses fesses dodues qui ondulèrent, il en avait l'air très content, elle aussi, elle gloussait et se tortillait, ils rirent en chœur devant les Norvégiens éberlués qui ne savaient pas jusqu'où sourire et jusqu'où regarder lors de ces présentations inhabituelles. Bref, l'ambiance était excellente.

Le lendemain, les Groenlandais remballèrent leur campement, chargèrent les umiaks où prirent place les femmes, les enfants et les anciens. Les hommes embarquèrent dans leurs kayaks. Deux groupes avaient campé quelques jours ensemble et chacun repartait maintenant de son côté. Pour se saluer chaleureusement, les messieurs alignés sur l'eau se firent passer une tabatière. C'était du tabac danois qu'ils achetaient en feuilles contre des peaux, ils le faisaient sécher à la lampe, le râpaient contre une pierre rugueuse et lui ajoutaient de la poudre de quartz pour augmenter la puissance sternutatoire. Ils s'accordèrent chacun une prise et éternuèrent, très fort, plusieurs fois les kayaks en furent violemment secoués, presque à se renverser. Ils rirent, s'essuyèrent le nez, et partirent, rattrapant sans peine chacun de leur côté les gros umiaks à bord desquels leurs femmes ramaient déjà depuis un moment.

Pendant quelques jours, Nansen et ses hommes voguèrent de conserve avec l'un des deux groupes, cherchant un lieu d'accostage d'où l'accès à l'inlandsis serait le plus aisé. Quand des glaçons leur barraient la route, infranchissables pour leurs embarcations de peau, les Groenlandais s'arrêtaient et faisaient signe aux Norvégiens de passer. Souquant vigoureusement, ceux-ci enfonçaient leur canot de bois renforcé de ferrures comme un coin entre les blocs, les repoussant sur les côtés à l'aide de gaffes et, de force, ils s'ouvraient un passage, dans un concert de hurlements sourds qui marquaient l'approbation des Groenlandais. Ces derniers profitaient de la pause pour priser et éternuer, si fort que leurs embarcations roulaient dangereusement. « *Pittsakase !* », hurlaient les Norvégiens, provoquant le rire des priseurs. Les Scandinaves avaient entendu le mot plusieurs fois, énoncé souvent avec le sourire, et ils pensaient qu'il signifiait « Tout va bien ! ». Alors ils le répétaient encore, heureux d'avoir appris un mot et d'enfin se comprendre. Plus tard, en racontant leurs aventures, ils apprirent que cela voulait dire quelque chose entre « Vous êtes très habiles ! » et « Vous êtes bien obligeants ! ». Il est des malentendus pas si graves. Sur cette bonne impression, ils se séparèrent, chacun son rythme et chacun son but.

Vers midi, Nansen et ses compagnons atteignirent une petite île à l'embouchure d'un fjord, entièrement recouverte d'herbe et de fleurs. Ils s'allongèrent sur la pelouse courte et moelleuse, paressèrent au soleil, heureux d'avoir trouvé pour quelques heures le pays enchanté d'Hyperborée, celui que l'on croyait contenu au centre des montagnes gelées. Sur une petite bosse herbeuse, ils virent les vestiges de constructions en pierre, de grandes maisons ruinées et, autour, des ossements éparpillés. Posé au sommet du monticule, un crâne les regardait fixement, dont la vue leur fut rapidement désagréable. Ils rembarquèrent, étourdis de parfums végétaux, abasourdis d'avoir fait quelques pas sur cette île paradisiaque cernée d'une mer noire charriant de la glace… Peut-être était-ce une île-fée qui émergeait une fois par siècle avant de s'engloutir de nouveau ?

Ils frôlaient de gigantesques icebergs qui les dominaient de toute leur hauteur et s'enfonçaient dans l'eau bleutée – ils ne savaient pas jusqu'où. L'un d'eux les impressionna, deux pitons blancs comme des tours dressées sur le ciel, transpercé d'un tunnel au ras de l'eau où aurait pu se glisser un navire de bonne taille, un château de glace étincelant au soleil, un palais de conte bâti du saphir le plus pur. Ils poursuivirent leur route. Bien leur en prit, car un énorme fragment s'en détacha. L'iceberg déséquilibré bascula, la mer se souleva et une énorme vague balaya des îlots comme celui où ils venaient de se reposer. Une forte houle arriva jusqu'à eux, les secoua, puis tout se calma : l'iceberg était redevenu immobile, mais il avait changé de forme, il ne lui restait qu'une dent. L'effondrement aurait eu lieu à leur passage, ils auraient chaviré et disparu. Il faut avoir un peu de chance pour naviguer dans ces eaux-là.

Il leur arriva un petit malheur, rien du tout, mais dans leur grand dénuement, un rien du tout, c'est presque tout : la vague avait emporté leur tonnelet de bière mal arrimé, le seul qu'ils avaient. Ce n'était pas tant la bière qui les chagrinait, elle était bue depuis longtemps, mais le tonnelet servait de réserve d'eau ; ce n'était pas l'eau non plus, ici ils n'en manquaient pas, mais ainsi transportée elle avait un petit goût de bière très réconfortant. Ils regrettèrent beaucoup le tonnelet.

Autour d'eux, de majestueux glaciers descendaient jusqu'à la mer. Ils formaient des falaises au-dessus de l'eau, découpées de grottes d'un bleu d'azur allant jusqu'à l'outremer. Avançant à force de rames, doublant un cap, ils aperçurent un nouveau campement, des embarcations tirées sur la grève, et des tentes dressées plus haut. Ils s'approchèrent et les gens, des femmes et des enfants uniquement, relevèrent la tête les uns après les autres, poussèrent des cris sourds. Les femmes, raflant dans les tentes des brassées de peaux, coururent se réfugier sur une colline rocheuse qui surplombait le campement, loin du canot des Norvégiens qui abordait sur la grève de cailloux.

Ils firent des gestes, des mimes, sourirent, montrèrent leurs mains ouvertes et vides, jusqu'à ce qu'une femme âgée descende avec précaution. Les autres suivirent, tenant toujours leurs brassées de peaux de phoque très douces, claires et tachetées, leurs seules possessions dans ce pays de pierre, de glace et de beaucoup d'eau.

On leur expliqua que des Européens avaient jadis été massacrés par leurs ancêtres, et qu'ils craignaient leur retour en nombre sur leurs gros bateaux de bois, et leur colère, et leur vengeance. Je me demande comment on peut expliquer tout cela par gestes, mimer un bateau, un massacre et la vengeance. Et puis je me demande de quels Européens il est question, parce que, dans la liste minutieuse que fait Nansen des expéditions au Groenland depuis le début du XVIIIe siècle, on y meurt aisément de froid, de faim, de folie furieuse ou de noyade, mais jamais on ne rapporte de massacres par les indigènes. Les Groenlandais vivent en petits groupes familiaux pacifiques, et, s'il y a des violences, ce sont des règlements de comptes ou des rapines. S'ils ont des dizaines de mots pour dire la neige, comme on aime à le répéter, ils doivent n'en avoir aucun pour dire la guerre. L'esprit ne nomme pas ce qu'il ne fait pas, et n'a donc pas idée de le faire. Ce sont des légendes édéniques, ces histoires de vocabulaire, mais si l'on voyage, c'est pour rêver. Et les Européens massacrés, dont le souvenir subsiste seulement dans la mémoire et dans la crainte des Groenlandais, on se prend à rêver qu'il s'agisse des Vikings établis sur les côtes sud-ouest de la grande île, alors plus riantes et plus habitables qu'elles ne le sont maintenant, des fermiers et des pêcheurs disparus sans que personne en Europe s'en inquiète, les peaux d'ours blanc et l'ivoire qu'ils venaient parfois vendre en Norvège n'étant pas d'usage assez courant pour qu'on regrette leur venue. C'était il y a cinq siècles, et il ne reste plus d'eux que les fondations de quelques maisons, des incrustations d'ivoire de morse dans des reliquaires médiévaux, et une culpabilité confuse chez le petit peuple des glaces. Ces colonies perdues sont un rêve du Nord.

Nansen, pragmatique, rêvait plutôt de manger. Et quand il vit un quartier de phoque séché pendre à l'entrée d'une tente, il le désigna, signifia son envie, ce qui est quand même plus facile que de raconter une légende, le mime étant adapté à dire les passions simples. Tout de suite, on lui en apporta un morceau. Il en voulait plus, on lui apporta plus gros. Il remercia par le don d'une aiguille, et on se rua alors sur lui pour lui offrir des quartiers de viande. Il distribua des aiguilles, tous les Norvégiens se réjouissaient, les Groenlandais aussi, parce que des aiguilles en os, c'est bien, mais celles d'acier sont d'un maniement tellement plus aisé, elles percent tellement plus facilement les peaux. Seuls les Lapons manifestèrent un peu de mécontentement. Ils savaient la valeur de la viande que l'on chasse, et celle bien moindre des aiguilles produites en masse, ils trouvaient l'échange inégal, et même un peu méprisant.

Quand ils rembarquèrent, ils furent suivis par des hommes revenus de la chasse, qui traînaient derrière leurs kayaks des carcasses de phoques toutes fraîches pour les échanger contre encore plus d'aiguilles. En ramant fermement, ils parvinrent à les distancer.

La nourriture était une obsession dans cette expédition. Jamais les hommes ne furent rassasiés durant le voyage, et les malheureux animaux qui croisaient leur route, surtout les oiseaux, ils les dévoraient. Parce que, là-bas, sur la côte, les palmipèdes abondent, et toutes les occasions étaient bonnes. Ils empêchaient de dormir toute la nuit ? Paf ! Ils en tuaient un certain nombre le lendemain pour les punir. Ils loupaient les jeunes, dommage, ils sont meilleurs. Ils débarquaient ? Pan ! D'un coup de fusil, quatre tombaient, c'était un bon début. Ils les faisaient cuire dans une boîte de conserve et ils les déchiraient avec les doigts, mordant dans la chair brûlante. Ils n'avaient pas emporté de couverts, trop lourds, et dévoraient comme dévorent les ogres, en arrachant des fragments de carcasse, laissant pendre des lambeaux gras de leurs moustaches. Les jeunes étaient délicieux, c'est toujours ce que disent les ogres.

Abrités sous la tente, ils entendaient de brusques grondements lointains, puis des bouillonnements liquides qui s'approchaient, ils sortaient et voyaient la surface de l'eau se soulever et balayer les parois des fjords. Les glaciers vêlaient comme des vaches, ils se déchiraient et donnaient naissance à des glaçons géants qui plongeaient en déclenchant de grandes vagues. Dans les nuits douces favorables à la fonte, les glaciers vêlaient en chœur dans un roulement lointain de canonnade, et projetaient très loin d'énormes éclaboussures. Sinon, c'était le silence, parfois cinglé du cri aigu d'une hirondelle de mer.

Ils atteignirent enfin à la base de l'inlandsis. Il allait falloir y aller vraiment, c'était le lieu de l'exploit. L'inlandsis est une galette de glace posée sur le continent, une galette bien épaisse et bien lourde de glace compactée qui ne fond jamais, et qui, année après année, se comprime. La glace a ceci d'étrange, et c'est peu intuitif si l'on s'y cogne, qu'elle n'est pas un solide mais un liquide lent, très lent, au point qu'on ne la voit pas couler. Et pourtant elle coule, elle flue sous son propre poids, et si le sol est en pente elle flue plus vite, de quelques mètres par jour. L'inlandsis posé sur la grande île s'écrase sur lui-même, déborde, glisse, et enfin rencontre la mer et s'y désagrège, s'émiette en icebergs de plusieurs kilomètres cubes et milliards de tonnes.

Dans les langues nordiques, *inlandsis* désigne « les glaces de l'arrière-pays », le pays où personne ne va, le « pays-de-derrière », puisque le Groenland n'est qu'une étroite frange habitable ; si l'on y vit, c'est face à la mer, et derrière il n'y a rien ni personne. Dans *Le Miroir des Rois*, un manuscrit médiéval de la cour de Norvège, il est dit que « ses habitants ignorent si leur pays est grand ou petit. Tout est couvert d'une masse de glace qui empêche d'y pénétrer. Il doit pourtant exister des passages ». Elles sont très belles, ces quelques lignes conservées depuis des siècles, qui avouent l'impuissance à connaître la dimension de là où l'on vit, et qui affirment pourtant l'espoir qu'un jour on saura, car il n'est nulle chose assez obscure qui ne contienne des passages pour que l'on y aille et qu'enfin l'on sache. Parce que, quand même, l'homme veut savoir. « Un homme qui n'a plus besoin de savoir n'est plus un homme », déclara Nansen beaucoup plus tard dans un discours à des étudiants, et à vingt sept-ans, ses compagnons et lui étaient là pour ça : savoir.

Puisque la gigantesque dalle de glace bascule vers la mer sous forme de glaciers, il faut remonter ceux-ci pour atteindre celle-là. Ils coulent, craquent et se fendent, parsemés de crevasses perpendiculaires à leur cours, recouverts de neige imprégnée d'eau où l'on s'enfonce. Il est dangereux de les remonter, et les Norvégiens sondent pas à pas la glace avec leurs perches de bambou. Ça résiste, ça résiste, ils avancent, et soudain la perche s'enfonce sans résistance, ils reculent prestement, des crevasses invisibles s'ouvrent devant leurs pieds. Ils les franchissaient sur des ponts de neige, s'attachant l'un à l'autre par une corde, et parfois ils passaient d'un coup à travers la neige trop mince, s'enfonçaient jusqu'aux épaules, leurs jambes ballottant dans le vide insondable. Ils s'accrochaient à la corde retenue par les autres, se hissaient, remontaient et continuaient. Arrivés en haut, ils virent en contrebas le glacier descendre jusqu'à la mer, et dans la lumière arctique pâle et vive, sur l'eau bleue flotter des blocs géants.

De l'autre côté, une plaine immaculée montait en pente douce jusqu'à un horizon aussi net que celui de la mer : c'est là qu'ils allaient. Ils avaient abandonné le canot, et maintenant ils tiraient leurs traîneaux.

Leur périple va durer cinq semaines, jusqu'à la fin de septembre. Ce sera violent, éprouvant, monotone. Ils vont marcher sur la glace recouverte de neige pulvérulente et gelée, face aux vents catabatiques[4] qui descendent du sommet de la calotte, portant avec lui un affreux grésil, une neige qui n'est pas faite de doux flocons mais de grains de glace qui les giflent et leur lacèrent la peau. Ils n'étaient pas beaux à voir, hirsutes, graisseux, barbus en vrac et très crasseux, la peau de leur visage balafrée et pelée par les gelures, attaquée par la réverbération sur le miroir blanc où ils marchaient toute la journée. À aucun moment ils n'envisagèrent de toilette. Ils manquaient d'eau puisqu'il fallait dégeler de la neige pour en avoir, juste de quoi étancher leur soif inextinguible à force de marcher dans l'air extrêmement sec, et puis il faisait trop froid pour s'exposer le visage et le mouiller, et leur peau qui partait en lambeaux n'aurait pas supporté d'être frottée.

---

4. Vents à caractère descendant, générés par une masse d'air froid dévalant un relief.

Ils marchaient, tiraient leurs traîneaux, marchaient, couvrant parfois une étape d'une dizaine de kilomètres dans la journée, bien moins que ce qui était prévu. Nansen n'avait pas imaginé qu'ils s'enfonceraient dans la neige, il prévoyait de la glace. Les nuits étaient brèves, alors ils ne suivaient pas le temps des horloges, ils marchaient tant qu'ils le pouvaient, pendant le jour ou pendant le succédané de nuit, où la neige comme phosphorescente illuminait leurs pas. Ils mangeaient en marchant, mastiquaient les tablettes de chocolat à la viande au rythme de leur lente avancée. Le soir ou le matin, en plein jour ou en pleine nuit, quand ils n'en pouvaient plus, ou quand la neige leur paraissait bonne, quand le temps était trop désagréable pour continuer, ils montaient la tente et cuisaient une soupe, ou bien du chocolat, ou bien du thé, c'était selon. Comme ils n'avaient rien pour nettoyer la gamelle, le fond sédimentait. Quand ils faisaient de la soupe, du chocolat ou du thé, c'est un peu tout qui mijotait en même temps, nul ne s'en plaignait. Quand ils mangeaient ce brouet chaud, à l'abri de la tente, accompagné d'un peu de confiture d'airelles sur un biscuit de mer, une noix de beurre croquée telle quelle comme une gourmandise, c'étaient les délices les plus intenses qu'ils aient jamais connues, toutes leurs misères oubliées, ils étaient les plus heureux du monde. Ils s'emmitouflaient à trois dans leurs sacs de couchage, bien au fond sans que rien dépasse, ils le fermaient en nouant les lanières au-dessus de leur tête, et ils dormaient. Celui chargé du petit déjeuner se réveillait une heure avant les autres. Les parois de la tente étaient raidies de givre, à l'intérieur il faisait - 40 °C. Il allumait le réchaud, faisait fondre de la neige et dégelait les aliments, toujours les mêmes, chocolat, pâté de foie, beurre et biscuits. Il faisait du thé, le café étant désormais réservé aux grandes consolations, quand la dureté de l'épreuve le rendait nécessaire, quand il était des jours de blizzard où il fallait remonter le moral à tout le monde. Parce que, parfois, ça manquait de tourner mal. Les vents catabatiques forcissaient, l'air alourdi par le froid dévalait la pente de la calotte, transportant des nuages de glace, le temps tournait et c'était une tempête. Ils ne voyaient plus rien, du blanc devant et derrière, tout autour et en haut, du blanc sur du blanc, le monde réduit à quelques pas. Ils s'enfouissaient alors sous leur tente, contre laquelle la neige s'accumulait en congères, recouvrant les traîneaux. Les hommes ne quittaient pas leurs sacs de couchage, mangeaient peu car c'étaient des jours sans effort physique. Nansen imposait le rationnement, il tenait à ce principe : on ne mange pas si l'on ne marche pas. Ils écrivaient leur journal, lisaient ce qu'ils avaient emporté, les deux Lapons ruminaient les Écritures traduites dans leur langue, là où sont abondamment décrites des catastrophes cosmiques et des fins du monde.

Aller chercher quelque chose sur les traîneaux était une aventure, il fallait ouvrir la tente en dénouant une à une les sangles, la neige s'engouffrait en tourbillonnant dans la pauvre bulle de tiédeur qu'ils essayaient de maintenir. Il fallait marcher jusqu'au monticule où les traîneaux étaient engloutis, déblayer et revenir à grand-peine, car dans le blizzard la tente était invisible. Elle était à quelques pas, à 10 mètres à peine, mais tout était effacé dans le blanc furieux qui annulait les formes et brouillait les directions. « Il faut être fou pour venir bénévolement dans ce pays », murmura le jeune Kristiansen à l'oreille de Sverdrup, l'officier de marine que rien n'ébranlait, discrètement parce que Nansen n'aurait pas aimé entendre ça. Mais ils continuaient.

Il gelait toujours. Ils vivaient sur la neige, et quand avant de dormir ils enlevaient leurs chaussures, de la glace encore en tapissait l'intérieur. Leur transpiration figée qui collait aux chaussettes les soudait au cuir raidi de gel. Ils faisaient tous les jours des observations astronomiques avec le sextant, mais il était malaisé de le manipuler par ce froid. Il fallait enlever les moufles et veiller à ne pas toucher les parties métalliques, la peau de leurs doigts aurait aussitôt collé et se serait déchirée. Il fallait aussi enlever les gants pour ouvrir et fermer la tente en nouant et dénouant les sangles, elles aussi raidies de gel, et un matin, en s'y attelant, Nansen ne sentit plus ses doigts. Ils étaient blancs, rigides, insensibles. Le sang s'en était retiré, son corps ne pouvait plus les réchauffer et les sacrifiait, ils gelaient et en quelques heures pourriraient. Il se frictionna avec de la neige, fiévreusement, il frotta pour garder ses doigts, les couleurs revinrent, puis la sensibilité dans de grandes douleurs, d'atroces picotements, mais tout ce qui souffre est encore en vie, c'est une définition de la vie que comprend un luthérien. Soulagé, il remit ses gants. Quelque temps après, c'est son nez qu'il manquera de perdre, et qu'il soignera de la même façon, par friction.

Dans ces contrées sans paysage, il n'y a pas grand-chose à raconter de bien romanesque, le voyage se fait mètre par mètre pendant des semaines, émaillé d'incidents qui ailleurs ne se remarqueraient pas, mais qui, ici, manquent de les tuer pour un détail. L'immensité blanche est si monotone que c'est presque un voyage intérieur. Douleurs partout, un pas après l'autre, tête baissée, une avancée prouvée seulement par les instruments de mesure.

Le 12 septembre – déjà septembre –, à 3 000 mètres d'altitude, ils atteignirent le sommet de l'inlandsis. La pente s'inversa, elle penchait vers l'ouest. À l'horizon, de gros nuages blancs et ventrus flottaient dans le ciel, que seule pouvait produire l'humidité de la mer. Pour fêter ça, Nansen accorda à ses compagnons un café et des biscuits tartinés de confiture d'airelles. Il fallait maintenant descendre cette plaine vide où ils n'étaient que six points noirs à la file, qui se traînaient sur l'étendue sans forme, colonne de mouches traversant à pied une grande marmite de lait.

Ils montèrent un gréement de bambou et de toile sur les traîneaux attachés en deux groupes, le plancher de la tente et une bâche se gonflèrent, et avec une secousse ils démarrèrent d'un bond. Le vent descendait du sommet, les poussait dans le dos, un homme à ski dirigeait par-devant chaque attelage, se servant d'une perche de bambou comme timon, les autres suivaient à bonne allure sur leurs skis. Les traîneaux filaient en cahotant, perdant des objets que ceux qui suivaient ramassaient au fur et à mesure. Il fallait avancer, vite, septembre était entamé, ils dévalaient la pente poursuivis par l'hiver.

Le 16 septembre, il fit - 17 °C à peine, un oiseau chanta, un bruant des neiges tourna autour d'eux, se posa à quelques pas et s'envola de nouveau vers l'ouest. Celui-là, ils ne songèrent pas à le flinguer.

Le 19 septembre apparut une tache noire sur la neige : c'était un nunatak, une montagne qui perce l'étendue de glace, c'était le bord, c'était la côte, le continent réapparaissait, le règne de la glace s'achevait là. Et soudain ils découvrirent de l'eau, une flaque d'eau liquide. Ils abattirent les voiles.

Ils avaient tellement souffert de la soif pendant des semaines qu'ils s'agenouillèrent aussitôt tout autour et burent longtemps.

Le 23 septembre, ils y étaient, au bord de la mer, ils étaient passés de l'autre côté. Entre les roches, ils découvrirent de l'herbe. Ils retrouvèrent l'odorat, cela sentait la terre, les plantes et les mousses, Ravna le Lapon s'exclama plusieurs fois que cela sentait bon comme un pâturage à rennes. Au bord de l'eau, ils firent un feu de broussailles, c'était l'humanité revenue. Ils avaient traversé le Groenland de part en part, sans jamais y trouver la moindre terre hospitalière.

Mais ce n'était pas tout, il fallait rejoindre Godthåb[5], et vite. Fin septembre, un bateau devait partir pour Copenhague et c'était le dernier avant que les glaces se referment sur la mer, le dernier avant le printemps suivant. Pour aller plus vite et avoir une chance de parler à son capitaine, Nansen et Sverdrup décidèrent de passer tous deux par la mer, laissant les quatre autres avec les traîneaux. Ils construisirent un canot avec ce qu'ils avaient sous la main, une armature de perches de bambou recouverte de bâches cousues. Dans un nuage de petites mouches agaçantes, ils coupèrent, ils cousirent, ils taillèrent des branches dans les taillis de saules pour renforcer les bordages, ils fabriquèrent des rames avec des branches fourchues qu'ils recouvrirent de toile à voile. Mais leur umiak était assez calamiteux. Quand ils y montèrent, il s'enfonça dans l'eau et toucha le fond. Il fallut le pousser loin, à pied sur la grève d'argile gluante, et embarquer un peu au large, où il flottait. Mais par les coutures grossières il prenait l'eau, ils devaient écoper, c'était beaucoup moins

5. Aujourd'hui Nuuk, capitale du Groenland.

bien qu'un véritable umiak. Mais ils ramèrent, ils écopèrent, ils ramèrent, il fallait rejoindre Godthåb. La nuit, ils regagnaient la terre pour dormir – on ne peut pas écoper en dormant. Sur le rivage, des buissons étaient chargés de fruits violets dont ils se gavaient. Ils n'avaient pas goûté un fruit depuis des semaines.

Le vent les poussait dans la bonne direction, mais les planches sur lesquelles ils étaient assis pour ramer leur faisaient atrocement mal aux cuisses et aux genoux. « Dans ce monde, le bonheur n'est jamais parfait », note Nansen, fataliste. Ils passèrent un promontoire et aperçurent au fond d'une baie la capitale du Groenland méridional, une église, quatre ou cinq maisonnettes de couleurs vives, des huttes, et, en haut d'un mât, un drapeau danois. Ils abordèrent, une foule de Groenlandais se précipita, les accueillit joyeusement, les aidant à tirer leur fragile canot à terre. Un jeune homme s'approcha qui n'avait pas du tout l'air inuit, un missionnaire sans doute.

– *Do you speak English?*, demanda-t-il avec un accent danois.

Nansen répondit en norvégien.

– Je suis Nansen, et nous venons de traverser l'inlandsis.

– Ah ? Je l'ignorais. Permettez-moi de vous féliciter.

– Le bateau de Copenhague ?

– Parti depuis longtemps.

C'était le 3 octobre. Une foule les acclamait, rangée en lignes sur leur passage. On les invita à déjeuner, ils mangèrent assis à table, dans une assiette et avec des couverts. On les logea, et, pour la première fois, ils se virent dans un miroir. Leur visage, couvert de crasse et mêlé de soleil et de froid, était affreux.

Un gros umiak ramena leurs compagnons, mais, pour le navire de Copenhague, il faudrait attendre. Ils séjournèrent plusieurs mois chez le directeur de la colonie.

Ils eurent les premiers jours un peu de mal à dormir, les lits leur faisaient une étrange impression de mollesse après les bivouacs sur la neige. Ils leur donnaient une sensation d'insécurité, comme s'ils étaient sur un nuage toujours prêt à les engloutir, et puis ils y dormaient seuls, il n'y avait personne à s'agiter en respirant fort tout contre eux. Ils se réveillaient en sursaut, inquiets, s'accrochant à l'édredon comme s'il allait s'envoler, tremblant d'inquiétude de ne plus être solidement emballés par paquets de trois.

La température resta tout l'hiver bien en dessous de zéro, le jour se levait à dix heures et se couchait à quatorze, les soirées étaient longues. Ils allaient à la chasse pendant les brèves journées, puis ils dînaient chez les uns et les autres, on se les arrachait pour les entendre raconter leur expédition, dont on a vu qu'il n'y avait pas grand-chose à dire : de la glace, du ski et des repas dont la composition dégoûtait un peu maintenant qu'ils étaient arrivés, dormaient dans une chambre et mangeaient à table ; mais on se contentait de peu dans la capitale du Groenland occidental. Les Lapons, qui se révélèrent pleins de verve, se firent une réputation d'invités réjouissants, racontant leurs aventures en les mimant et en les accompagnant de quelques mots esquimaux qu'ils apprirent rapidement. Il y eut même des bals à Godthåb pendant la nuit d'hiver, et avec des dames, les Danoises en longues robes européennes et les Groenlandaises avec leur « petit costume masculin », écrivit Nansen, surpris par leurs pantalons faits de belles fourrures soyeuses délicatement brodées.

Le vapeur arriva le 15 avril. Les Norvégiens sautèrent dans des kayaks et ramèrent à toute vitesse comme s'ils avaient peur qu'il ne reparte sans eux. Quand ils montèrent à bord avec leur maigre bagage, un coup de canon fut tiré et le drapeau norvégien fut hissé en haut du mât. L'exploit avait eu lieu.

L'accueil à Christiania fut triomphal, une foule massée sur les quais les acclamait à grand bruit.

— N'est-ce pas un beau spectacle que de voir tous ces gens ? glissa Nansen à Ravna, flegmatique, qui assistait à la scène, accoudé au bastingage, sans manifester aucune émotion.

— Oh oui… Mais si seulement c'étaient des rennes…

Au moment où Eiffel achevait à Paris la construction de la plus haute tour du monde, on traversait le Groenland. Il peut paraître étrange de rapprocher les deux événements, mais c'est le même esprit, un exploit, une conquête, franchir et dépasser, même pour rien, seulement pour le faire, c'est le XIXe siècle tout craché. Bon metteur en scène, Nansen aurait voulu traverser la ville en voiture ouverte pour saluer le peuple, mais la police refusa, craignant une bousculade sur les quais et que des gens ne tombent à l'eau. Une foule compacte resta longtemps devant leur hôtel, applaudissant à tout rompre quand les explorateurs apparaissaient à la fenêtre. Ils venaient régulièrement saluer, timidement pour certains, mais pas pour Nansen, qui jouait son rôle avec beaucoup de naturel. Un journaliste estima à 40 000 le nombre de personnes présentes ce jour-là, soit une bonne part de la population de la ville. Les journaux s'enthousiasmaient. « Nansen a brillamment représenté notre patrie ! Il a accompli un acte patriotique ! » Une fièvre Nansen balaya le pays d'un bout à l'autre, agaçant le roi de Suède Oskar II qui voyait là encore cette manie norvégienne du grand homme. Et il sentait qu'il s'agissait de bien plus que d'avoir traversé le Groenland.

Incarné à la perfection par Nansen qui saluait avec un sérieux princier, le héros norvégien apportait une consolation à des espoirs sans cesse retardés ; c'est bien cela que les Norvégiens acclamaient dans les rues de Christiania : leur petite nation doucement assujettie, et leur rêve d'indépendance.

Que faire ensuite ? L'université de Bergen lui proposa de revenir, pas tant pour la science que pour son prestige d'aventurier qui rejaillirait sur le muséum. Il déclina poliment mais accepta le poste de conservateur des collections zoologiques de l'université de Christiania. Cela lui garantissait un salaire sans qu'on lui demande d'assurer aucun travail. Il pourrait consacrer tout son temps à écrire le récit de son expédition. Il partit pour Londres où il n'y eut ni parade ni triomphe, mais comme *The Pall Mall Gazette*, un tabloïd de l'époque plein de ragots désinvoltes, avait décrit sa belle prestance, son étrange costume de laine et son habitude d'aller glabre et tête nue, on le reconnaissait dans la rue, on le saluait d'un signe de tête en le croisant, ce qui est la forme britannique de l'enthousiasme. Il donna une conférence à la Société royale de géographie, le centre du monde des explorateurs. L'assistance lui fit un triomphe quand il apparut sur scène. Grand, blond, vigoureux, parlant un anglais parfait légèrement modulé d'un accent un peu rauque qui fleurait bon le héros nordique, il parla de ski, décrivant sa *sportsman method* pour l'exploration polaire : une petite équipe d'hommes sélectionnés et entraînés avec une bonne cohésion, plutôt que d'envoyer des navires entiers avec leurs trop nombreux équipages se faire prendre dans les glaces et se perdre. Il déçut un peu le public qui était venu frissonner à un récit dramatique plein de dangers, de souffrances surmontées, de face-à-face avec la mort dans le grand désert blanc, tout ce que l'on attend d'un explorateur polaire selon l'idéal victorien d'accomplissement par la douleur, dans sa version grand-guignol. Mais ce Norvégien impassible minimisait les difficultés, il semblait suggérer qu'il avait gardé le contrôle en toutes circonstances. On attendait autre chose. Quand il fut présenté au prince de Galles, celui-là même qui était habillé comme il se doit pour un prince de Galles, il surprit encore, car il portait toujours son costume du docteur Jaeger boutonné à droite, une poche brodée à gauche, jugé plus adapté à une *garden-party* qu'à une entrevue avec la famille royale, ce qui, dans l'ambiance anglaise de l'époque, était un fatal *fashion faux-pas* ; c'est par des détails vestimentaires que l'on identifie la classe sociale, donc les rapports sociaux : il était un indécrottable *Northman* – mais si beau et si vigoureux.

La femme de Gamél, le mécène, lui écrivit une lettre discrète mais enflammée, pleine d'allusions à une certaine visite à la campagne, lettre qu'elle porta elle-même, n'ayant confiance en personne en ces affaires, surtout pas en son mari. « Tous les grands hommes ont une forte puissance sexuelle », affirma un jour devant Nansen un universitaire qui théorisait en général sur la notion de grand homme. Et Nansen l'était, maintenant, un grand homme.

Chapitre III

Presque le pôle, et tout l'hiver dans un trou

En 1884, bien avant la traversée du Groenland, on retrouva à Julianehåb les débris d'un navire. Rien que de banal sur les côtes dangereuses du Groenland, où la totalité du bois dont se servent les Inuit est du bois flotté, qui vient d'ils ne savent où, sans soupçonner même l'idée d'un arbre, et moins encore d'une forêt. Ce sont pour eux de gros blocs d'une matière fibreuse et dure échoués sur la grève, comme des saules nains mais géants, qu'ils tirent au sec et avec lesquels ils fabriquent des éléments de bâtisse, des encadrements de porte, des poutres, des lits qu'ils recouvrent de peaux ; sinon, ils utilisent des os de baleine.

Les débris que l'on venait de retrouver avaient deux caractéristiques qui en faisaient un signe, une surprise, tout à la fois un objet de connaissance et un sujet d'enthousiasme : il s'agissait des débris de la *Jeannette,* et ils s'étaient échoués au Groenland. Parce que la *Jeannette,* tout le monde la connaissait. C'était le navire qui avait emporté une expédition polaire, vraiment polaire puisque le but était d'atteindre le pôle par la mer en suivant le Kuroshio, ce courant marin chaud qui longe le Japon, passe le détroit de Béring, et va sans doute réchauffer l'océan Arctique un peu au-dessus du point de congélation.

Celui-ci devrait donc être libre de glaces, et la *Jeannette* n'avait qu'à le suivre pour atteindre enfin le pôle. Le plan était simple, ils partirent en 1879, ce fut une catastrophe continue.

Il n'y avait pas le moindre océan libre passé Béring, la *Jeannette* fut capturée par la banquise et broyée, les hommes d'équipage tentèrent de se sauver en chaloupes, ils firent naufrage, ceux qui abordèrent se perdirent dans les méandres du delta de la Léna, et là moururent de faim. Sur les trente-trois hommes de l'équipage, vingt ne revinrent pas, dont le capitaine, les autres furent sauvés par les Toungouses. Le journal que tint jusqu'au bout le capitaine De Long est d'une concision tragique : « 3 octobre : dernier chien abattu ; 7 octobre : Eriksen meurt de faim ; 17 octobre : Alexey meurt de faim ; 21 octobre : Kaack et Lee meurent de faim ; 28 octobre : Iverson meurt de faim ; 29 octobre : Dressler meurt de faim ; 30 octobre : Boyd, Gortz et Collins meurent de faim. » Il restait De Long, d'Ambler et le cuisinier chinois que personne n'appelle jamais par son nom dans les récits de l'expédition, mais c'est Ah Sam, ils meurent probablement le 31 octobre, le journal s'arrête là, plus personne pour noter. On retrouva leurs corps en 1882, avec le journal dans lequel le capitaine De Long avait noté sobrement dans les derniers jours : « Expédition manquée. »

L'aventure avait défrayé la chronique au sens le plus littéral de l'expression : les journaux l'avaient annoncée, s'en étaient réjouis puis inquiétés quand on n'en eut plus de nouvelles, avaient ensuite relaté les expéditions de secours lancées pour retrouver les naufragés – d'abord pour les sauver, puis pour retrouver les corps, enfin pour seulement retrouver des débris du navire naufragé. Cette fin de siècle était passionnée d'expéditions polaires, surtout par leur aspect tragique voire morbide, quand les bateaux se brisent et les hommes errent sur la banquise dans la nuit éternelle, hébétés, affamés, frappés de cécité puis de folie, égarés de corps et d'esprit, rongés de scorbut et tentés par l'anthropophagie, disparaissant à jamais dans le grand rien gelé comme des héros grecs que des dieux cruels s'amusent à rabaisser lorsqu'ils ont manifesté trop d'orgueil. Si le XIXe siècle est celui du héros prométhéen, son châtiment est à sa mesure, prométhéen, et l'on en faisait des récits de voyage et des romans. On avait donc beaucoup parlé de la *Jeannette*, et quand tout fut assurément perdu, on en frissonna comme après avoir lu un roman gothique.

Alors, quand des débris furent retrouvés sur la côte du Groenland, on s'y intéressa aussitôt, comme à la publication d'un nouvel l'épisode d'une aventure que l'on avait suivie avec passion. Et puis, surtout, le navire avait fait naufrage tout au bout de la Sibérie, vers les îles Liakhov, alors pourquoi en retrouver des débris au Groenland ? C'est quand même très très loin. Henrik Mohn, l'un des fondateurs de la météorologie moderne, avait donné une conférence à l'Académie norvégienne des sciences à propos de ces émouvants vestiges. Il en déduisait qu'un courant traversait l'Arctique, de la Sibérie au Groenland, en passant probablement par le pôle. Et ce courant sous la glace entraînait avec lui la banquise. La dérive des glaces passant par le pôle, peut-être pourrait-on l'utiliser à des fins d'exploration ? La conférence de Mohn s'arrêtait là, tout écrit scientifique se doit de s'achever par une ouverture, traçant une voie future vers d'autres recherches, ou des rêveries ; le plan de Nansen était né en lisant dans le journal une recension de cette conférence.

Étrange que l'on ait des idées d'expéditions en lisant le journal, mais cela correspondait à l'état de réflexion auquel Nansen était arrivé en voyant l'échec des grandes expéditions polaires et le succès de la sienne : il faut considérer les forces de la nature, essayer de travailler avec elles et non pas contre elles, et s'embarquer sur un navire aussi petit et léger que possible, construit de façon à résister à la pression des glaces, aller aussi loin que possible dans l'eau libre jusqu'à être pris, et là s'installer pour quelques mois, dériver vers le pôle, emporté par le lent mouvement naturel de la banquise, tranquille. On l'imagine posant le journal et rêver sous la lampe, bien installé dans son fauteuil.

Le retour du Groenland fut pour lui un grand moment d'ivresse, il en oublia un peu le pôle. Il reprit sa liaison intense avec une belle jeune femme très en vue de la bourgeoisie de Christiania, Dagmar Engelhardt. Tout allait pour le mieux, mais, personnellement, il errait un peu.

Et puis il rencontra Eva, sur des skis. Elle était petite, brune, à peine nordique, pas exactement jolie et en plus, ce jour-là, boudinée dans des épaisseurs de vêtements d'hiver ; mais sous un air de réserve brillait une lueur passionnée dans son regard. Et puis elle était à ski.

Nansen lui écrivit à son habitude une lettre brûlante. « Que m'as-tu fait ? Je ne comprends pas. Tout ce qui m'attirait avant de te rencontrer, les beautés de la nature, la mer, le travail, lire, tout m'indiffère maintenant. La première fois que je t'ai vue, à ski, fraîche et brûlante à la fois, tu me fis l'effet d'un vent doux et puissant venu d'un monde que je ne connaissais pas encore mais qui pourtant était le mien. »

C'était sans doute la femme qu'il lui fallait. Elle était forte, elle était une femme qui pense et qui dit ce qu'elle pense, une femme à ski, sport qu'elle pratiquait en pantalon comme un Lapon, rien de plus banal à nos yeux mais objet d'horreur pour qui la croisait ainsi vêtue. Elle aurait pu au moins mettre une longue robe par-dessus, mais non, Eva allait ainsi, c'était pour la bonne cause, la cause de celles qui souhaitaient vivre sans qu'on les embarrasse de mièvreries et de contraintes.

C'était une femme rare et complexe que cette Eva. Née dans une île au large de Bergen, fille de Michael Sars, tout à la fois pasteur et zoologiste de réputation internationale, et de Maren Sars. Sœur du grand poète norvégien Johan Sebastian Welhaven, cette dernière tenait un salon littéraire, le plus influent de la jeune capitale, disait-on (et semble-t-il le seul du pays) ; elle était par ailleurs mère de neuf enfants, dont sept survécurent – l'un, Georg, devenant biologiste, un autre, Ernst, historien, du beau monde donc à l'échelle de la petite Norvège. Eva, elle, se consacrait à la musique, qu'elle étudia à fond, à Christiania et à Berlin. Elle chantait, elle était mezzo-soprano, et l'on disait d'elle qu'elle interprétait à la perfection des pièces sombres et désespérées qui dépeignaient les profondeurs ambiguës de l'âme, ce que tout le monde ne sait pas, ou n'ose pas faire. Elle était étrange et inoubliable. Quel contraste entre eux, lui grand, fort et blond, un vrai Norvégien, elle une joyeuse et brillante petite femme aux cheveux noirs, pleine de gaieté et plutôt méridionale ; il aimait la taquiner à ce propos.

Ils se marièrent à l'église, et cela surprit tout le monde : la rapidité du mariage et le mariage de cet homme-là, à l'église. Nansen professait depuis son retour du Groenland des idées agnostiques et surtout anticléricales, blâmant l'action des missionnaires occupés à sédentariser les Inuit, à les faire vivre de force comme des Danois dans des maisons permanentes, détruisant leurs pratiques, leur culture et leurs raisons de vivre. Il avait rencontré les Inuit, les avait appréciés, et trouvait que leur vitalité et leur bonne humeur prouvaient que leur mode de vie était une parfaite adaptation au lieu où ils vivaient. Bien loin du christianisme, Nansen prônait une sorte d'adoration païenne de la nature, il croyait au destin, aux forces cosmiques, il ne croyait plus à l'âme individuelle et indivisible, il croyait à une sorte d'esprit universel partagé par toutes les créatures. Mais voilà, à l'église quand même, avec Eva. Persuasive, assurée, capable de voyager en mélancolie et d'en revenir : c'était une femme pour lui.

Ils s'installèrent dans un quartier neuf de Christiania, mais la ville ne lui convenait pas – ni les immeubles, ni les appartements, ni la foule. Il voulait construire de ses mains sa propre maison, à l'écart, en des lieux plus sauvages. Alors, en attendant, ils emménagèrent dans une cabane en bois. Les matins d'hiver, l'eau de la bassine de toilette était gelée, des courants d'air polaire passaient de pièce en pièce, et Nansen prétendait que cela était bon pour la santé, tout à la fois mentale et physique. Sous le même prétexte hygiéniste, il imposa un régime alimentaire peu ragoûtant à base de gruau d'avoine, cette purée molle et collante que l'on mange faute de pain dans les montagnes de Norvège.

Ils sont pénibles, les explorateurs polaires, quand ils ne sont pas au pôle. Et Nansen d'en rajouter : « Tu sais à qui tu as affaire : un homme sombre et souvent cafardeux », l'avait-il prévenue dans une lettre, ce qui est une étrange façon de parler à une jeune femme que l'on courtise, mais Nansen était animé d'une passion scandinave pour l'introspection et la vérité ; ne rien cacher, tout dire, même la face sombre, se tenir toujours au plus près du vrai, même s'il n'est pas aimable, c'était pour lui une vertu cardinale. Il n'aimait pas l'illusion, la fausseté, les arrangements, et l'amour devait avoir lieu en toute lucidité. On n'est déjà plus dans Ibsen, mais dans Bergman ; le grand homme ne devait pas être facile à vivre. Eva, sans cesse mise à l'épreuve, s'accrochait. Sa carrière musicale semblait loin, mais ils skiaient tous deux avec passion. Un jour, en randonnée dans la montagne, il partit d'un coup sans regarder en arrière – c'était bien sûr lui qui était devant –, distançant Eva sans la prévenir de ses grandes enjambées. Il emprunta une pente enneigée effrayante, inaccessible, la cinglant d'une trace rectiligne creusée dans la poudreuse. « Et nom de Dieu ! Elle m'a talonné ! Jusqu'au bout je l'ai entendue derrière moi, et nous sommes arrivés au sommet presque en même temps », s'esclaffait-il quand il racontait l'épisode, et il le racontait souvent parce qu'il en était fier, de cette anecdote qui était comme leur brevet de mariage : c'était Eva toujours là, toujours à ses côtés, surmontant toujours toutes les épreuves auxquelles il la soumettait.

En 1891, ils emménagèrent dans la nouvelle maison entourée d'arbres, en vieux style norrois, qui se reflétait dans le fjord. Il la baptisa « Godthåb », qui signifie « bonne espérance », et était aussi le nom de la minuscule capitale de quelques maisons et de huttes où il avait passé les mois d'hiver au Groenland. On ne se remet pas de l'Arctique.

Alors ça devait arriver, il lui annonça qu'il voulait aller au pôle Nord. « Il y a en moi du sang viking, une vie trop calme ne m'attire pas. Et puis là, je pourrai peut-être servir mon pays. » Bon, mieux vaut ça que piller l'Angleterre.

La mère d'Eva l'avait prévenue : elle n'épouserait jamais que la moitié de son mari, l'autre moitié serait toujours ailleurs. Au départ, elle désapprouvait plutôt ce mariage : la personnalité de Nansen l'inquiétait, son assurance sans limite, son excentricité vestimentaire, son refus des compromis sociaux et sa capacité exaspérante à argumenter des partis pris péremptoires, tout cela lui faisait entrevoir un avenir assez inconfortable pour sa fille. Son ami Edvard Grieg, le musicien, celui de *Peer Gynt* – on rappelle qu'elle tenait salon et fréquentait toute l'intelligentsia de la petite Norvège –, la rassura un peu. Lui estimait Nansen, il le trouvait très différent d'un sportif ou d'un aventurier, il avait une personnalité unique, ce dont on se rendait compte à sa simple apparence, la belle veste de laine aux lignes nettes qu'il portait comme un emblème faisait beaucoup pour sa réputation. Nansen était un véritable philosophe, continuait Grieg, possédant d'énormes connaissances sur toutes sortes de sujets rares, mais surtout, en dépit de cette incroyable confiance en lui qui pouvait impressionner ou agacer, il était franc, modeste, peu exigeant. C'est un beau portrait, de la part d'un homme de vingt ans son aîné, tiré de quelques rencontres dans un salon mondain. Mais Grieg n'avait pas de fille vivant au quotidien avec ce philosophe-là. Je ne sais pas si Nansen a lu la lettre de Grieg, mais, s'il en avait eu l'occasion, il se serait parfaitement reconnu, ravi que l'on devine ce qu'il s'appliquait à montrer, exactement ce que l'on voit de lui dans les portraits photographiques où il pose avec soin. Ce qu'un homme s'efforce d'être devient aussi sa vraie personnalité, sa part éclairée.

L'autre, l'obscure, il faut des circonstances particulières pour la découvrir.

En février 1890, il présenta son projet devant la Société norvégienne de géographie. Il expliqua que toutes les expéditions précédentes avaient échoué car elles s'approchaient du pôle par le mauvais côté, par l'ouest, à contre-courant. Le secret de la réussite était tout simplement de se placer à l'est et de se laisser porter par le courant. On douta. Le lieutenant américain Greely, vétéran de la calamiteuse expédition de l'île d'Ellesmere dont bien peu revinrent, trouva l'idée illogique, proche de l'autodestruction, et affirma qu'il emmenait ses hommes à la mort – et il s'y connaissait dans ce domaine, lui qui ne ramena pas grand monde. Mais toute sa vie Nansen cultiva cet étrange esprit de contradiction, qui lui faisait penser avoir raison quand les autres n'étaient pas d'accord avec lui. Que l'on s'oppose à lui le renforçait.

L'expédition coûterait cher, il fallait un navire, un équipage d'une douzaine de personnes, et de quoi vivre cinq ans, soit 300 000 couronnes de l'époque, quelque chose de l'ordre d'un million d'euros actuels. Avec hauteur, il refusa l'argent de mécènes suédois, il ne voulait que de l'argent norvégien. Cela fut discuté au Parlement qui lui en accorda les deux tiers, le tiers restant fut apporté par quelques mécènes, une souscription, et par le roi lui-même, à hauteur de 20 000 couronnes. Cette expédition fut une affaire publique norvégienne, discutée dans la presse, une manifestation de fierté nationale dont Nansen, le grand Viking, le jeune voyageur prometteur, comme l'écrivait la presse anglaise, portait l'étendard. Tout un pays suivait les préparatifs.

Les choses n'étaient pas simples pour Eva. Elle trouvait son Fridtjof trop absent, toujours à donner des conférences en Angleterre, il lui manquait. Elle aussi lui manquait, semble-t-il, à en croire les lettres vibrantes qu'ils échangeaient. C'est peut-être par ces lettres qu'ils se parlaient le plus, car en présence l'un de l'autre, ils étaient tout en retenue. « Je rêve de ce temps des Vikings et de Guillaume le Conquérant, je me rêve en chevalier combattant en un de ces châteaux pour l'honneur et la liberté, et mon adorable Eva serait ma châtelaine, assise sur une tour. » La naïveté enfantine de l'image le rend assez touchant, ce rude arpenteur des glaces.

En 1890, Eva fit une fausse couche. Elle avait aussi donné naissance à un enfant mort-né, elle était désespérée, elle voulait à toute force un enfant de son Fridtjof qui n'était pas assez là. Elle voulait un petit enfant et qu'ils fassent du ski tous les trois. Au fond, elle voulait accompagner Nansen au pôle. Mais c'était plutôt une affaire de garçons, ce genre d'aventures.

En 1892, l'explorateur américain Robert Peary, un autre obsédé du pôle, revint d'une expédition au Groenland. Il avait parcouru 2 000 kilomètres sur la glace avec des traîneaux et des chiens, apportant la preuve de l'insularité du Groenland, et sa femme l'accompagnait. Nansen lui écrivit, le félicita et lui posa des questions techniques : quels chiens ? Qu'en est-il de ce nouveau métal, l'aluminium ? Quel type de provisions ? *Etc.* Une flopée de questions, dont l'abondance cache sans doute la question fondamentale, qu'il aurait aimé poser et qu'il ne posa pas, attendant peut-être que Peary en parle de lui-même : comment emmener sa femme en Arctique ? Peary n'aborda pas le sujet, il répondait à tout très évasivement, car pour lui qui consacrait sa vie à atteindre le sommet virtuel du monde,

Nansen était un rival mortel. La course au pôle était vraiment une course, avec gloire éternelle pour celui qui la remporterait. Et des pôles, il n'en est qu'un qui vaille, le pôle géographique, l'unique, pas de seconde place dans cette compétition. Une fois atteint, on pourra toujours y retourner, mais seul le nom du premier sera retenu par l'Histoire. On recommencera au sud, ensuite ce sera fini, l'ère des pionniers sera close.

Dans le récit qu'il fera plus tard de son périple, Nansen annonce d'entrée qu'il se proposait « non pas d'atteindre l'axe septentrional de notre sphéroïde, mais d'explorer, au point de vue scientifique, les immenses espaces encore inconnus qui l'entourent. À mon avis, la recherche du point mathématique qui forme le pôle n'offre qu'un intérêt minime ». C'est très raisonnable, très maîtrisé, d'une modestie exhibée, c'est très Nansen, au fond, mais on ne peut s'empêcher d'y sentir un peu de déni, et la justification de n'y être pas parvenu. Parce que, vu tout ce qu'il avait mis en œuvre pour y arriver, il est difficile de nier qu'il tenait à atteindre ce point, aussi abstrait et inexistant soit-il.

Il fit construire un navire sur mesure pour les besoins de l'expédition. Jusque-là, on avait toujours utilisé des bâtiments d'occasion, qui n'avaient pas été pensés pour les glaces – et l'on s'étonne que ça tourne mal… Il consulta Colin Archer, un architecte naval norvégien à la barbe épaisse, qui à la soixantaine était devenu un virtuose de la construction de navires, un artiste du dessin parfait des coques, et il en construisait pour naviguer sur la mer Baltique, peu profonde et capable de geler.

Nansen fit construire un bateau comme il n'en existait pas encore. Des flancs inclinés, une cale ronde, complètement lisse, tel un œuf dur coupé en deux ; lui le comparait à une noix de coco, et c'était bien ça : une coquille de noix, mais extrêmement solide, à l'épreuve de ces grands casse-noix que sont les glaces à la dérive. La glace n'y aurait aucune prise, elle glisserait sur ses flancs sans parvenir à les saisir, et quand tout serait gelé, plutôt que d'être écrasé, le navire s'échapperait par le haut comme une savonnette, et reposerait tranquillement sur la banquise, sur son fond plat dessiné tout exprès. Il devait également être court et manœuvrable pour se glisser dans les chenaux d'eau libre, et suffisamment calfeutré pour qu'un équipage puisse passer un hiver à l'intérieur.

Colin Archer dessina une goélette à trois mâts et vapeur qui pouvait, par sa forme, surmonter toutes ces contraintes, ce qui donna quelque chose de pas très beau mais efficace. Il choisit les bois de construction avec le plus grand soin, pour que le bateau soit à la fois solide et élastique. Il y eut du pin de Norvège pour le pont et le revêtement intérieur, d'épaisses plaques de chêne pour la double coque, un revêtement extérieur de *Chlorocardium*, un bois tropical très dur, presque impossible à travailler, pour résister à l'abrasion de la glace, un gros bloc d'orme pour la quille. L'espace dans la double coque était rempli d'un mélange de coaltar et de sciure versé à chaud, l'étanchéifiant parfaitement. Les parois du navire faisaient 75 centimètres d'épaisseur, renforcées d'un réseau de croisillons, les poutres étaient fixées aux parois par des pièces de pin blanc, tronc et racines d'un seul arbre, mis en forme pour donner de la souplesse. Des renforts métalliques protégeaient les zones exposées de la coque, des portes intérieures isolaient la cale en trois compartiments étanches, les zones d'habitation étaient enveloppées de trois parois, les espaces intermédiaires rendus isolants par une couche d'air pour l'une et un garnissage de poils de renne pour l'autre. Le vaisseau était trapu, mais il était capable de voyager et de séjourner dans les glaces.

« Tu te souviens que je viendrai avec toi au pôle Nord ? », demanda Eva en février.

Le 26 octobre 1892, le navire fut mis à l'eau au chantier de Larvik. Par le train de Christiania arrivèrent les invités, plus d'une centaine, des collègues de neurosciences, beaucoup de journalistes, mais aussi des hommes d'affaires, des artistes et des sportifs. Nansen les accueillit à sa manière, sans cérémonie, habillé de son costume habituel et de son chapeau à bords étroits, serrant vigoureusement la main de chacun et sans doute le foudroyant de son regard bleu implacable, charmeur et puissant. À quatorze heures, les Nansen montèrent sur une estrade dressée contre le flanc du navire, et Eva lança vigoureusement une bouteille de champagne contre la coque et déclara de sa voix puissante de chanteuse : « Que *Fram* soit son nom ! »

Fram signifie « En avant ! » en dialecte norvégien. La forme suédoise usuelle est *frem*, mais ça claque moins, et puis c'est moins norvégien. Une flamme rouge fut hissée, marquée en lettres blanches du nom du navire, entre deux drapeaux de l'Union suédo-norvégienne comme un cri de fierté et de défi, mais il faut parler norvégien pour le comprendre. Les chaînes furent lâchées, le navire glissa vers l'eau, s'enfonça, s'enfonça, on craignit qu'il ne sombre, mais non, c'était seulement sa forme originale. Tout allait bien.

Il y eut un buffet sur une longue table installée sur le pont, on but, on mangea, on écouta des discours. Nordenskjöld était absent, au grand regret de Nansen – « c'est votre faute si ma vie a pris ce tournant où nous sommes », lui avait-il écrit. Mais Nordenskjöld était en Espagne à célébrer l'anniversaire de la découverte de l'Amérique. L'un de ses collègues en neurosciences avait déclaré que, « dans le champ qui nous intéresse tous les deux, il y a aussi matière à explorer des régions inconnues », tâchant de le ramener à ses anciens travaux, mais on ne retient pas un aventurier avec de belles raisons raisonnables.

Ce jour-là, tous virent qu'Eva était enceinte. La question de son voyage au pôle s'était résolue d'elle-même.

Nansen avait recruté l'équipage parmi les milliers de candidatures qu'il reçut, sérieuses ou loufoques. Il écarta les déséquilibrés et les escapistes, et même Balto et Ravna qui voulaient seulement fuir la misère de la Laponie ; et puis que ferait-il de Lapons sur un bateau ? Il recruta des hommes formés, qui avaient une expérience de la marine ou de l'armée, mariés et pères de famille, ce qui devait écarter une bonne partie des têtes brûlées. Ils furent douze autour de lui, prêts au sacrifice ou à la gloire. Il réembaucha Otto Sverdrup, qui avait traversé le Groenland avec lui, et qui surtout était marin : il le nomma capitaine ; il y eut Henrik Blessing, le médecin qui avait l'humour des mélancoliques, et Hjalmar Johansen, officier, conducteur de chiens, champion du monde de gymnastique en 1889 ; il accepta d'être simplement chauffeur de la machine tant il était motivé. Adolf Juell, marin expérimenté, sera cuisinier, et Peter Henriksen, rude harponneur, sera lui-même en toute simplicité. Ils étaient douze, cependant on parlera surtout de ceux-là. Et de Nansen. Roald Amundsen fut aussi candidat, mais il n'avait que 20 ans et sa mère lui interdit de partir. Frederick Jackson aurait bien voulu s'embarquer également, mais il était anglais et Nansen ne voulait que des Norvégiens, alors il organisera sa propre expédition vers la terre François-Joseph. On les reverra l'un et l'autre.

Le 8 janvier, Eva donna naissance à une petite fille qu'ils appelèrent tout simplement Vie, Liv en norvégien. Elle permettait à Nansen de partir seul en retenant sa femme à terre, tout en lui rendant le départ plus difficile.

La veille de l'appareillage, on organisa un dîner d'adieu et un bal. Les Nansen en furent, affichant une gaieté un peu forcée. Le lendemain, 24 juin 1893, à dix heures, on activa la chaudière du *Fram*. À dix heures et demie, Nansen embrassa Eva dans sa chambre, Liv à côté d'elle, elle ne voulait pas l'accompagner plus loin. Il sortit seul de la maison, traversa le jardin, descendit jusqu'au ponton où l'attendait le canot à moteur du *Fram*. À onze heures, le navire était prêt à partir. Une flottille de petits bateaux chargés de curieux l'accompagnait dans le port, d'autres se pressaient sur le quai. Nansen n'était pas là. Les spectateurs perdaient patience, et peu à peu s'en allaient. Le temps se couvrit, de gros nuages de pluie remplirent le ciel, des averses intermittentes venaient fouetter l'eau et les collines boisées, tout était gris. À midi passé, le canot à moteur apparut enfin, Nansen debout, renfrogné, on ne sut pas quels détours il avait faits. Il monta à bord sans un mot, sans un discours, sans applaudissements ; dans un silence lugubre, les amarres furent larguées. C'était quelque chose d'inquiétant, ce départ, l'air humide, gris et froid, le silence, mais rien ne favorisait l'enthousiasme d'un public maintenant clairsemé et fatigué d'attendre.

Il existe quand même une très belle photo de ce 24 juin, prise du ponton où était amarré le *Fram* dont la coque, les mâts et les cordages occupent toute la partie gauche de l'image, des hommes à bord et des hommes sur le quai, tous vêtus de noir, forment un cadre sombre, indistinct, et au milieu, en pleine lumière, se tient Nansen, suspendu comme s'il flottait dans le ciel, debout sur la chaloupe accrochée à ses bossoirs, dans son costume Jaeger de couleur claire, dans une élégante pose de *contrapposto*, son chapeau à la main, la tête un peu baissée, statuaire, mais plus Donatello que Michel-Ange. En ajoutant quelques rayons lumineux qui jailliraient de lui, il deviendrait un archange, une apparition, il serait l'esprit humain régnant sur les sphères de l'entendement, partant éclairer la nuit éternelle des pôles, quelque chose de sensuel, symbolique et surprenant, tout ce qu'il aime, et cela sur une photo prise lors d'un événement public, pas en studio. Spontanément, il prenait bien la lumière.

Quelques journalistes restèrent à bord durant les premiers milles du voyage ; ils seraient ramenés à terre par le canot à moteur. L'un d'eux, l'Anglais Herbert Ward, qui avait été de l'expédition de Stanley en Afrique, relata cette scène étrange : Nansen partant pour le bout du monde, à la manière d'un tableau de cette peinture scandinave de la fin du siècle : un air limpide et gris, une nature envahissante, le silence chargé de tensions, les personnages immobiles pudiquement vus de dos, faisant ressortir l'intensité de sentiments mélancoliques. Nansen regardait la côte défiler par-dessus le bastingage, et quand le bateau passa au large de sa maison bâtie au bord du fjord, le soleil apparut brusquement entre les nuages de pluie, éclairant le perron où Eva, vêtue d'une robe blanche très visible, regardait le *Fram* passer au loin. Puis, le bref rayon s'évanouit, la côte disparut dans une ombre brumeuse, et Ward, ému, sentit la tension qui habitait Nansen ; il devina qu'il souffrait terriblement malgré toute sa bravoure, et dans la lutte où il s'opposait à lui-même, la décision de partir ne l'emporta que parce qu'il était impossible d'arrêter le navire. À pied, il aurait fait demi-tour, aurait couru vers sa maison rejoindre sa femme et sa fille.

Dans le récit qu'il écrivit de son départ, Nansen demeure pudique. « Le navire lève l'ancre, salué par la population de Christiania massée sur les quais. Encore un dernier salut aux miens et à ma petite maison située là-bas sur la presqu'île… Ce jour de départ a été le plus triste du voyage. » Les points de suspension indiquent ce qui n'a pas été dit, Nansen se simplifie beaucoup quand il se raconte. La complexité psychologique ce n'est pas son affaire, il ne tient pas à aller y voir de trop près.

***

— Dites donc, Madame Abkarian, vous savez que ce n'est pas un rigolo, votre héros ?

— Ah bon ? Tu chipotes encore ? C'est toujours le sourire qui te manque ?

— Il est quand même un peu pénible à vivre… et puis il réinvente tout, même si c'est avec talent… et il efface carrément ce qui le dérange. Il ne fait peut-être même pas exprès, d'ailleurs, il se voit comme ça.

— Et ce qu'il n'a pas dit, comment tu le sais ?

— En lisant entre les lignes, en m'étonnant de ces drôles de formulations qu'il emploie parfois, qui cachent sans doute autre chose ; et puis en lisant ce que d'autres ont écrit sur lui, dans leur journal, par exemple, qui est resté dans l'ombre. Je finis par penser qu'il y a deux couches en Nansen : il y a ce qu'il croit être, et qu'il écrit, et puis ce qu'il est, qu'il n'écrit pas, mais dont les autres parlent.

— Tu as connu quelqu'un qui en parle ?

— Non, des gens qui écrivent sur lui. J'en suis réduit aux documents, il n'y a plus personne en état de marche qui l'ait connu vivant.

— Moi, j'aurais pu…

Je me tus, un peu gêné de ce que j'avais dit, impressionné par cette frêle petite dame si accrochée à la vie, qui avait décidé de la boire jusqu'à la dernière goutte, puisqu'on la lui avait donnée, et qu'on la lui avait sauvée. Elle soupira, excédée.

— Mais si tu savais comme j'en ai rien à foutre de ta quête du pot aux roses…

Elle dit ça dans un souffle dont je crus que c'était le dernier, toussa, se reprit, le gros mot passa et sembla lui avoir fait du bien.

— Et puis deux couches, ce n'est pas beaucoup pour un homme comme lui, moi, j'en vois au moins trois : il y a peut-être ce qu'il croit être et puis ce qu'il est, c'est pas toujours pareil, mais il y a aussi une troisième couche, c'est ce qu'il a quand même fait. Tu sais, on n'est pas grand homme tous les jours ; mais ce qui rassure, c'est que, sans l'être tous les jours, on peut être grand homme.

Je retournai au travail. Être mouché par une centenaire, ça vous apprend la vie.

❊❊❊

Une fois les journalistes ramenés à terre, la côte estompée à l'horizon, le voyage du *Fram* commença vraiment. C'était l'Atlantique Nord, dont les vagues vigoureuses secouaient le navire comme une barrique vide. La coque arrondie et le fond plat n'étaient pas faits pour la haute mer. Ils remontaient vers le nord pour se jeter sur la glace, se faire volontairement capturer et attendre que d'elle-même elle les emporte. C'était parti pour des années, enfermés à treize dans une cabine au milieu de la désolation. À Eva, il avait écrit qu'il en avait pour deux ans et que cela passerait comme un rêve, une parenthèse dans ce grand amour qui était le leur. À son frère Alexandre, il écrivit qu'il n'en avait pas pour moins de trois ans, voire cinq, mais qu'il ne l'avait pas dit à Eva, que ça l'anéantirait, et qu'il comptait bien que personne ne le lui dirait.

« Invisibles » et « inexplorés », ce sont les deux mots par lesquels Nansen ouvre le récit de son voyage dans le monde arctique. Il décrit ces paysages comme dormant du profond sommeil de la mort depuis l'aube des temps, drapés d'un linceul blanc, rêvant pour l'éternité. Et puis vient l'Homme, c'est-à-dire lui, Nansen, et tous ceux qui l'ont précédé, qui pas à pas œuvrent à repousser les limites de l'inconnu.

« Pourquoi nous acharnons-nous ? écrit-il. La soif de connaissance ne trouvera pas de repos tant que l'énigme n'aura pas été résolue ; et jamais connaissance n'a été acquise au prix de tant de souffrances. Nous sommes allés de l'avant. Là-haut, dans le froid et l'obscurité, était Helheim, où régnait la déesse de la mort. »

Tout ce lyrisme est de lui et contraste avec l'affirmation de l'intérêt scientifique de l'expédition, qu'il répète à qui veut l'entendre, à qui le finance surtout, comme si les relevés quotidiens de position et de température étaient une raison suffisante pour monter une telle expédition et risquer la vie d'une douzaine d'hommes. C'est la raison sérieuse, sans doute, la raison avouable, mais toujours chez lui pointe le romantisme du voyage vers l'inconnu, de l'énigme à résoudre, qui n'est jamais formulée. La science est réaffirmée, encore et encore, exemple chimiquement pur de rationalisation, mais dès qu'il se laisse aller à écrire, son lyrisme noir jaillit en de longues phrases floues qui ont la sombre couleur de son âme. Apparaît alors la nature tragique de l'exploration de ces contrées, faisant de toutes ces expéditions un théâtre ironique de la mort, où l'homme rationnel tente maladroitement de dissimuler les pulsions qui l'animent, s'éprouvant lui-même – bien plus qu'il ne cherche un moyen compliqué d'aller placer un thermomètre là où il fait froid. Quelques données scientifiques furent rapportées, mais de surcroît : comme on ne s'y attendait pas on ne les cherchait pas, ce ne sont pas elles qui poussèrent à partir.

Fridtjof Nansen est parfaitement fin-de-siècle, travaillé par la mélancolie, s'accrochant désespérément à la connaissance, se sculptant lui-même en statue de héros prométhéen.

C'est ce qui fait la puissance de fascination du personnage.

***

Le 12 juillet, ils atteignirent Tromsø, tout au bout de la Norvège, que l'on appelle « Le Petit Paris du Nord » par on ne sait quel tour de passe-passe de l'imagination, parce que, quand même, rien ne ressemble à la capitale française à part qu'il y a des maisons dans une région où l'on habite plutôt dans une tente ou une hutte. Là, il arrêta de faire nuit, le soleil ne se coucha plus, et ils furent en même temps accueillis par une tempête de neige. C'était bien le Nord. Ils voguèrent vers au-delà, s'enfoncèrent dans ces domaines étranges qu'il avait décrits avec emphase, et furent quatre jours dans un épais brouillard où ils ne voyaient rien, comme un passage initiatique, un mur de brume entourant Helheim, qu'il fallait franchir avec foi avant d'enfin revoir le soleil ; sur la mer apparurent les premières glaces flottantes.

À Khabarova, sur la côte russe, ils accostèrent pour prendre livraison d'une meute de chiens sibériens que Nansen avait commandée plusieurs mois auparavant. L'affaire avait mobilisé l'ambassadeur de Suède, celui de Russie, des barons baltes et toute une série d'intermédiaires, mais voilà, les trente-quatre chiens étaient là.

Cette bourgade n'était que de quelques baraques et tentes coniques recouvertes de peaux, mais elle comportait deux églises, l'une orthodoxe et l'autre de vieux-croyants. Autour c'était un pays plat recouvert par la toundra d'été, une vaste étendue de verdure intense, parsemée de fleurs éclatantes. Ici la végétation est très pressée. Quand la neige disparaît, elle se hâte, elle montre une beauté éblouissante au soleil arctique avant de disparaître de nouveau sous la neige. Tout est donné en si peu de temps que cela se passe avec une fiévreuse précipitation. Là, médita Nansen, les Samoyèdes vivent une vie libre, ils vont où bon leur semble, point de soucis, point de troubles. L'existence s'écoule, douce et facile, toujours pareille. Il est étrange, ce rêve de tranquillité, pour un homme qui est tout sauf tranquille ; il est étrange qu'il l'écrive expressément, pour lui-même, dans son journal.

Le 1er août, les Samoyèdes fêtèrent la Saint-Élie dans les deux églises ; ils vinrent de partout sur leurs traîneaux, tirés par des meutes de chiens sur l'herbe épaisse de la toundra.

Ils portaient leurs plus belles tenues de peaux brodées ; ils suivirent avec passion les offices en buvant comme des trous. Le pope, rond comme une queue de pelle, célébra les deux offices dans les deux églises, passant de l'une à l'autre en une joyeuse procession bachique rassemblant toutes ses ouailles qui burent encore jusqu'à tomber ivres morts au cours de la nuit. On donna quelques instructions rapides à Nansen sur la direction des attelages, les chiens furent enfermés dans le navire, les dernières lettres confiées aux Samoyèdes, des lettres d'adieu vibrantes, et dans un concert d'aboiements furieux mais étouffés à fond de cale, ils partirent.

Nansen se prit aussitôt d'affection pour une chienne qu'il appela Kvik, qui restait couchée à ses pieds quand il restait dans sa cabine à travailler et lui quémandait des caresses.

L'eau était encore libre le 10 août, toute bleue, le soleil éclatant. La côte était basse, la mer peu profonde, il fallait se méfier des hauts-fonds, mais le *Fram* avait un faible tirant d'eau et il passait partout. Dans la multitude des îles qu'ils apercevaient, ils allaient au jugé car ils ne reconnaissaient pas celles dessinées sur la carte. Parfois, il neigeait. Certains détroits étaient bloqués par un barrage de glace. Il fallait se diriger habilement dans ce labyrinthe, ne pas se laisser coincer là par l'hiver, cela aurait fait perdre un an.

Nansen visait les îles de la Nouvelle-Sibérie, où il trouverait le courant qui déplace la banquise, celui-là même qui broya la *Jeannette*. Alors il se plaçait à la hune en haut du grand mât, et là, la nuit, quand un peu de nuit venait, il observait fixement Jupiter. Eva était née sous le signe du Sagittaire, qui est gouverné par Jupiter : la planète Eva sera donc leur guide en ces terres mal cartographiées. On s'étonne que le si rationnel Nansen soit brusquement féru d'astrologie et compte dessus pour se diriger. L'attente inquiète altérait son humeur, et dans les journaux de plusieurs membres de l'équipage, les variations d'états d'âme du chef de l'expédition commençaient à devenir un sujet récurrent.

Ils lui trouvaient un caractère étrange, parfois sérieux, scientifique et implacable, et parfois joyeux, plaisant jusqu'à être puéril. Se percevant comme une autorité incontestable à propos de tout, ses arguments étaient dogmatiques, et plus encore quand il était d'humeur sombre, ce qui arrivait souvent. Il donnait l'impression de ne pas chercher à comprendre, mais de s'appliquer à retourner les arguments de l'autre. Il se mêlait de tout, disait à tous ce qu'il fallait faire, ôtait même le travail des mains d'un air agacé. La présence de Nansen pesait sur le navire, ses compagnons vivaient dans l'appréhension de ses variations d'humeur. Heureusement, entre eux et lui, il y avait Sverdrup.

Sverdrup comprenait les hommes, Nansen non. Sverdrup parlait peu, mais étrangement c'était un compagnon plaisant, on aimait qu'il soit assis là, même en silence. Il était impassible mais voyait tout, entendait tout, faisait tout. Nansen avait une présence, une force de conviction, une capacité d'entraînement, mais il ne pouvait masquer ses émotions instables, ce qui troublait ses interlocuteurs. Il était difficile à vivre au quotidien : ombrageux, autoritaire, voire cassant, il contribuait à assombrir l'atmosphère, surtout dans une assemblée de Norvégiens peu faits pour l'obéissance aveugle. Les rôles étaient donc partagés avec Sverdrup, mais les limites du partage étaient floues : Sverdrup était capitaine du navire, et Nansen chef de l'expédition ; Nansen entraînait, Sverdrup avait le talent de commander. L'attelage ne tenait que par le dévouement de Sverdrup à Nansen, à sa discrétion, à sa capacité à écouter et à éteindre les colères.

Les Norvégiens sont lents à la colère et ils s'accommodent bien de la solitude ; mais là, dans ces conditions, entassés sans rien faire dans un petit bateau fermé, dirigés par un chef dont ils ne pouvaient discuter ni les avis ni les principes, même des Norvégiens pensent à la mutinerie. Et Nansen, par nature, craignait plus que tout la mutinerie, il avait peur qu'on ne lui obéisse plus, il y pensa secrètement pendant tout le voyage, sans jamais l'écrire dans le récit officiel, mais il le nota dans son journal intime : il avait peur, il avait toujours eu peur, de perdre le contrôle sur les hommes. Et la façon qu'il pensait infaillible de prévenir une mutinerie était d'avoir toujours raison ; se révolte-t-on contre la raison ? Il y avait de la naïveté chez ce grand homme.

« Les étoiles sont de bonnes compagnes, on peut tout leur dire. Et Jupiter est toujours là, il est l'œil d'Eva, il ne peut rien nous arriver tant qu'elle nous regarde. » Quand Vénus se leva à l'horizon, il le comprit aussitôt comme un signe. « Eva, écrivit-il, tu as pensé à moi aujourd'hui, je l'ai senti, tu étais d'une grande tristesse. » Et il tomba malade. Il ressentait des douleurs et des raideurs du côté droit, il en perdit « son œil autoritaire et son sourire vainqueur », comme le nota discrètement Sverdrup dans son journal. Accablé d'une grande fatigue, il se coucha. Le médecin préconisa des massages à l'huile d'olive ; cela passa.

Le 10 septembre, ils doublèrent le cap Tcheliouskine, qui est le point le plus au nord du continent asiatique. Nansen descendit du mât, ses compagnons hissèrent le drapeau norvégien et, le soir venu, vidèrent joyeusement des bols de punch en lançant des hourras. Le *Fram* avait échappé à l'hiver, ils continuaient.

Fin septembre, la glace épaississait. Le temps était clair, 13 degrés sous zéro, l'hiver approchait. Ils mirent en panne. Autour d'eux dérivaient des glaces flottantes, le pack déjà figeait. Ils étaient à 78° 30' de latitude, il leur fallait atteindre 90 degrés, le pôle, sans bouger. Sur le bateau immobile, on organisa les tâches. Le mécanicien entretenait la machine, on s'occupait des toiles, des cordages et des chiens, on faisait des observations météorologiques, des relevés de position. Le médecin s'ennuyait un peu, alors il pesait tout le monde régulièrement, faisait des prélèvements sanguins et notait l'évolution des résultats, des fois que les hautes latitudes changeraient quelque chose. Il guettait par des examens fréquents les signes d'anémie ou de scorbut, mais il ne s'occupait pas des troubles psychiques, mélancolie ou découragement, on s'en débrouillait. Et puis il y avait la cabine de Sverdrup, où celui-ci s'entretenait à mi-voix avec tous ceux qui souhaitaient lui parler. Nansen observait les aurores boréales, dessinait leurs nuances au pastel. Il en reste de très beaux dessins, presque abstraits.

Les hommes mangeaient, fumaient, faisaient la sieste, jouaient aux cartes et jouaient de l'orgue, de l'accordéon aussi. À minuit, tout le monde était au lit jusqu'à huit heures. La banquise les entourait, marbrée de couleurs irréelles dans le long crépuscule qui remplaçait les jours. Le ciel prenait toutes les couleurs possibles, de l'azur du zénith jusqu'au vert et lilas bas sur l'horizon. Sur le champ de glace, les ombres étaient bleu foncé, et la pointe des hummocks s'allumait de lueurs roses, une symphonie de teintes irréelles comme un tableau de Caspar David Friedrich. L'aurore boréale palpitait telle un drap lumineux suspendu très haut dans l'espace. Le silence était impressionnant.

« Pourquoi toute cette beauté s'il n'existe aucune créature pour en jouir ? Je commence à deviner le secret : voici la terre promise qui unit la beauté et la mort. » Les notations de Nansen sont étranges, de lugubres ruminations métaphysiques entre les colonnes de chiffres des relevés météorologiques. Je ne suis pas sûr qu'il aille très bien, enfermé dans sa cabine, à égrener de telles pensées. Que vient-il chercher là ? Des données scientifiques ? Allons…

Les chiens furent lâchés, ils s'ébrouèrent dans la neige, coururent et aboyèrent, se roulèrent les uns sur les autres, le silence séculaire fut rompu par la joie des animaux. Nansen fit s'accoupler Kvik avec Barrabas, l'un des mâles entiers de la meute. Elle en eut l'air parfaitement satisfaite, et refusa toute autre approche. C'est Nansen qui le note avec un certain plaisir. Et puis il essaya d'appliquer ce qu'il avait trop rapidement appris à Khabarova. Il attela six chiens à un traîneau, s'y assit et « Prrr ! Prrr ! », il modula le cri qu'on lui avait enseigné. Ils partirent en courant, tout droit, dans des jaillissements de neige. Tout allait bien jusqu'à rencontrer un hummock, l'un de ces reliefs de glace qui encombrent la banquise. Les chiens refusèrent de l'escalader, refusèrent tout autant de le contourner, et firent demi-tour malgré les ordres de Nansen. Ils se mirent à zigzaguer autour du *Fram*, n'obéissant plus à rien, se battant entre eux, emmêlant leurs sangles, sans écouter les cris de leur guide qui s'égosillait en jurons de plus en plus outranciers dont ceux qui assistaient à la scène n'auraient pas imaginé qu'il les connaisse. Il sauta du traîneau et voulut l'arrêter de force, plantant ses talons dans la neige, mais les six chiens surexcités le traînèrent sans effort. Il laissa deux ornières zigzagantes derrière lui, tomba, fut tiré sur le dos, sur le ventre, recouvert de neige, puis tout s'arrêta car les chiens s'étaient jetés les uns sur les autres en une féroce bagarre générale au cours de laquelle l'un d'eux, Job, fut tué. Le choix des noms est tout à fait romanesque. Furieux, scandalisé, Nansen se déchaîna dans son journal. « Il n'y a pas un grain de décence chez ces brutes ! Comme des bêtes sauvages, ils se jettent et s'acharnent sur le perdant ! Ne serait-il pas naturel que le faible soit protégé ? Ou alors n'y aurait-il que nous, les êtres humains, qui transgressons la féroce loi naturelle en protégeant le faible ? » Nansen croyait aux principes universels, et il entrait dans une grande colère quand ils étaient bafoués.

Le 29 septembre, ils étaient à 79° 5', ils avaient un peu progressé vers le nord. Le tapis roulant était enclenché, il suffisait d'attendre. Ils firent leur première fête, celle de l'anniversaire de Blessing, avec un dîner-concert, cinq plats et vingt morceaux entonnés en chœur. Ils tuèrent leur premier ours. Sous la glace, ils mesurèrent 1 440 mètres de fond. L'Arctique n'était donc pas un bassin peu profond comme ceux qui entourent les terres, avec 100 ou 200 mètres au maximum, mais un véritable océan. C'était une découverte ; cela personne ne l'avait encore vérifié. De toute façon, personne n'était jamais venu jusque-là.

Le premier craquement eut lieu le 9 octobre. Le bâtiment trembla avec un bruit effroyable, mais il tint bon. C'étaient de longs craquements, des gémissements de la coque, le bruit était continu et parcourait la gamme vers le haut puis redescendait, une plainte puis un grognement grave. Le navire tremblait, tressautait, il se levait par saccades. La glace l'écrasait, mais elle ne put rien saisir de la coque lisse aux flancs courbes, elle glissa par-dessous, le *Fram* se souleva. Le silence revint. Quand ils remontèrent sur le pont, la banquise autour du bateau était parsemée de blocs brisés.

Il fit - 18 °C le 14 octobre. Et ils étaient à 78° 35'. Ils vérifièrent les mesures, mais c'était bien ça : ils avaient rétrogradé. Ils s'étaient éloignés du pôle, les vents avaient poussé la banquise vers le sud, le bateau avec ; le courant n'était pas la seule puissance qui animait ces glaces. Cela déclencha une longue plainte nihiliste chez Nansen, dont seul son journal fut témoin, sur le thème de la nature qui ne connaît pas de but, et que la science est probablement une illusion, et que ses calculs étant contredits, il se voyait impuissant, dérivant sans but sur l'océan désert, sous l'œil indifférent et glacé des étoiles. Il se sentait misérable, et ce n'est rien de le dire, il cherchait un sens au monde et celui-ci lui échappait.

Le *Fram* était maintenant entouré d'un chaos de débris de banquise qui, régulièrement, tentait de l'écraser et se brisait. Deux fois par jour, la glace tremblait d'une compression, puis d'une détente, c'était la marée qui passait. La dérive reprit enfin vers le nord. Ils installèrent un moulin à vent qui actionnait une dynamo. Parler d'une éolienne serait un peu exagéré : des ailes de toile sur des baguettes de bambou, plus proche donc d'un moulin d'enfant qui tournait à toute vitesse sur le pont, mais l'électricité venait… et la lumière ; ils burent à sa santé en criant « *Skol !* », levant leur verre en direction de la lampe qui rayonnait dans le carré, ils étaient d'humeur joyeuse, la lumière agissait sur eux comme un alcool capiteux.

Le jour de l'anniversaire du lancement du *Fram*, le 26 octobre, Nansen pensa à Eva, qui l'avait baptisé d'une voix forte, et à la façon dont ils s'étaient étreint les mains, retenant tous deux leurs larmes. « Nous sommes seuls, pas même une lettre à relire, rien d'autre à voir autour de nous que la banquise et l'obscurité. » Posés sur l'immensité de glace, ils étaient isolés d'une façon que l'on ne peut plus imaginer. Ils l'étaient davantage que les astronautes sur la Lune, car personne ne savait où ils se trouvaient, et ils ne pouvaient envoyer ni recevoir aucun message, l'on ne connaissait alors que les lettres transmises de la main à la main par cette longue chaîne humaine qu'ils avaient interrompue en partant si loin. Ils étaient seuls. Alors Nansen lisait, rêvait, jouait de l'orgue, allait se promener sur la glace dans la nuit perpétuelle, l'horizon, au sud, souligné d'une mince lueur rouge. Au-dessus, le ciel était d'un noir parfait, piqué d'étoiles incroyablement nettes et nombreuses.

Le 5 novembre, ils étaient redescendus à 77° 43'. Nansen était découragé, l'idée l'effleura qu'il avait pu se tromper.

Le 10 décembre, le médecin, sans trop d'emploi, créa un journal, *La Vigie du Fram*, composé d'articles, de blagues et de dessins. Ils le lisaient le soir au repas dans un concert de rires. L'entrain est souverain contre toutes les maladies : en faisant rire, le médecin soigne. Ils avaient bien choisi le leur.

Le 23 décembre, ils tuèrent un ours qui rôdait dans la nuit. Kvik mit au monde treize petits. Noël approchait, il leur manquait la neige, une neige qui tombe à gros flocons et recouvre tout en une nuit. « L'amour est la neige de la vie, elle referme les blessures, adoucit les formes », nota Nansen. Mais tout au nord, malgré le blanc, le climat est sec, désertique, il neige peu.

Ce même jour, ils tuèrent un autre ours. Le 24 décembre, ils festoyèrent, distribuèrent des cadeaux qu'ils avaient pensé à glisser dans leurs bagages, portèrent des toasts et firent des discours ; le médecin lut un nouveau numéro du journal. Le lendemain, ils firent un déjeuner de cinq plats, café et ananas en boîte. Il faisait - 38 °C.

Au fond, ils s'emmerdaient un peu. Ils avaient du mal à trouver le sommeil, faisaient des siestes et s'agitaient toute la nuit, même si la nuit en cette saison est une notion théorique, qui ne dépend pas des horloges. Mais ils avaient bonne mine : pas de surmenage physique, pas d'activité, même, une excellente cuisine, ils prenaient du poids. Les terribles souffrances de la nuit polaire qui font tout le sel des récits des survivants, ils ne les éprouvaient pas, et Nansen en avait même un peu honte, comme s'ils habitaient le fin fond de la désolation dans un petit pavillon trop confortable.

« Tous mes calculs, à l'exception d'un seul, se sont avérés justes », déclara-t-il avec aplomb. Ils avaient trouvé le tapis roulant, ils s'y étaient posés et avaient été emportés, c'est bien ce qui était prévu. Mais il y avait tous ces zigzags…

Début janvier, il faisait - 40 °C. Faire les relevés météo était pénible. Pour régler les fines molettes des instruments, il fallait se déganter, et le métal brûle la peau. Johansen allait bravement sur le pont, parfois en chemise et caleçon. « J'ai seulement un peu froid aux doigts », disait-il avec flegme.

79° 19'. C'était lent, si lent. L'idée vint à Nansen de descendre et de finir à pied, ça irait plus vite, en tout cas plus droit. Ce fut d'abord un mouvement d'humeur, puis un projet. Cela signifiait bien sûr abandonner le grand principe de travailler avec les forces naturelles, mais c'était agir.

Le 6 février, il fit - 48 °C. Mais dans le salon, la température ambiante était de - 22 °C. La prise de poids était générale, deux kilos chacun en moyenne. Nansen avait craint le scorbut, mais n'avait pas prévu le surpoids. Le scorbut, c'était le fléau des voyages transocéaniques, des traversées du Pacifique, des expéditions polaires. On n'en savait pas la cause, on en connaissait les signes et on avait en tâtonnant trouvé quelques remèdes. Les Vikings emportaient des provisions de mûres arctiques, et la Royal Navy préconisait la consommation régulière de jus de citron. À la fin du XIXe siècle, en plein espoir pasteurien qui voyait en tout problème de santé une bactérie à éradiquer, on l'attribuait à une infection due aux aliments mal conservés, gâtés par un trop long voyage. Nansen, méthodique, avait donc emporté essentiellement des conserves pour s'assurer du parfait état bactériologique des provisions, et n'avait pas recruté de véritable cuisinier, puisque cuisiner revenait à ouvrir et réchauffer les conserves. La tâche devait être assurée à tour de rôle par tous les membres de l'équipage. Le talent de Juell pour accommoder ce qui sortait des boîtes, lui valut d'être nommé cuisinier à plein temps. Manger correctement n'était pas qu'un détail de confort dans cette longue attente nocturne qu'était leur expédition. Et aucun signe de scorbut n'apparut, non pas grâce au bon état bactériologique des conserves, mais par leur teneur suffisante en vitamine C, dont la carence est la seule cause de la maladie, ce qui ne fut découvert que quarante ans plus tard. De mauvaises raisons parfois mènent au but. Sinon, le médecin prévenait régulièrement que l'on mangeait trop.

Le 7 février, il fit carrément - 50 °C. Ils dépassèrent les 80 degrés de latitude, à ce train il faudrait huit ans pour atteindre le pôle. L'immobilité était énervante, Nansen rêvait d'exercices violents. « Qu'un ouragan n'arrive-t-il ! Ne secoue-t-il cette banquise ! Que nous puissions enfin lutter... Cette inaction est bien la vie la plus misérable. » Il tournait en rond, même s'il n'y avait pas de place pour ça.

D'être à plusieurs ne le désennuyait pas, car Nansen était incapable d'amitié avec des hommes, il aimait le compagnonnage des femmes, surtout intellectuel. Toujours pris dans ce conflit intérieur entre l'homme primitif et la culture civilisée, il aimait quand même à se promener sur la glace avec le plus jeune et le plus fruste de ses compagnons, Henriksen, le rude harponneur qui lui racontait ses violentes aventures de chasse au Svalbard, tempêtes, gel, découverte exaltée d'un troupeau entier de phoques sur une plage de galets, et bagarres homériques quand arrivait un équipage russe venu dans le même but.

Dans l'atmosphère confinée et tendue, les chiens étaient un réconfort. Les chiots de Kvik, installés dans le salon, jouaient et se taquinaient ; ils étaient pour tous les marins de petites choses douces à câliner. Dans la bibliothèque, il y avait six cents livres ; Ibsen, Zola, Dostoïevski, Goethe, et beaucoup de chroniques d'exploration. « Une journée et une nuit passées en ces régions vieillissent un homme davantage que toute une année partout ailleurs », était-il écrit dans l'une d'elles. « Heureusement, je crois que c'est complètement faux, rétorquait Nansen dans son journal, je ne me suis jamais senti autant en forme et équilibré ! » Écrire ça avec la ferveur d'un point d'exclamation, ça sent à plein nez la tentative de réassurance.

Patience.

C'était insupportable, cette dérive en zigzags.

Ils faisaient des excursions, essayaient les traîneaux, leur montaient une voile. Le soleil apparut. Tout était calme et mort, enseveli de glace. « Cela fait passer des frissons jusque dans l'âme. Que ne donnerais-je pour être exposé à un danger quelconque… »

Ils déposèrent une chaloupe et firent des parties de canotage sur les étendues d'eau libre qui apparaissaient. Chacun s'inventa des grades maritimes, tous officiers, aucun matelot, tandis que ceux restés sur la rive les bombardaient de boules de neige molle. « Enfin elle est arrivée, cette saison qu'en Norvège nous appelons le printemps, la saison de la joie et de la vie. Mais ici, c'est toujours la même plaine glacée. » Ce n'est pas la meilleure saison que le printemps aux alentours du pôle, ce n'est pas le réveil de la vie puisque la vie est absente, en tout cas discrète, des algues sous la banquise et de gros animaux rarement visibles. Au printemps, la banquise ramollit et se décompose, apparaissent alors des étendues d'eau et des flaques. À chaque pas, tout peut céder, et on s'enfonce dans la bouillasse fondue. À pied, c'est compliqué et fatigant, en traîneau vraiment difficile, et en embarcation impossible car le pack est toujours là, et l'eau libre est chargée d'aiguilles de glace dangereuses pour les coques.

Le 13 mai, jour de la Pentecôte, apparut une mouette, premier oiseau depuis des mois, puis des fulmars et des goélands. Les chiens sibériens se morfondaient, ils détestaient carrément le printemps. La glace y était molle, ils pataugeaient dedans, et la température qui tournait autour de zéro était pour eux trop chaude. Le 17 mai, les Norvégiens célébrèrent la fête nationale. Ils furent réveillés au son de l'orgue, eurent un petit déjeuner de saumon fumé et de langue de bœuf, et le drapeau norvégien fut hissé au grand mât. À onze heures, ils formèrent un cortège sur la banquise avec en tête, porté par Nansen, un drapeau norvégien pur, c'est-à-dire sans le petit détail en haut à gauche qui rappelait la présence de l'envahissante Suède. L'orchestre, accordéon et violon, suivait sur un traîneau, deux hommes défilaient au pas, un fusil sur l'épaule, les autres brandissaient les drapeaux qu'ils avaient trouvés, même ceux de signalisation ; le médecin portait une pancarte qui réclamait une journée de travail normale – un pull de laine brodé des lettres AN, *Normal Arbedsdag* –, le cuisinier frappait ses casseroles, et les météorologistes réclamaient, tant qu'à faire, le suffrage universel. Les chiens suivaient en rangs, imperturbables, sans se battre, comme s'ils avaient toujours fait ça. Ils firent deux fois le tour du navire, se prirent en photo, et rentrèrent manger. Ce fut un 17 Mai très réussi.

Le 11 juillet, ils étaient à 81° 18'. Ça n'avançait guère.

Le ciel était d'un bleu intense, un ciel italien malgré la température, et Nansen avait une impression d'été. Il retrouva une boîte de cigares, ce dont il fut extrêmement heureux car il croyait ne plus en avoir, ça lui permettrait de tuer le temps. Tuer le temps était une idée qui, jusque-là, ne lui était jamais venue à l'esprit. Mais ici tout était flou, étincelait, ruisselait, il n'y avait plus de formes distinctes. Ce jour sans fin le fatiguait. « La vie est un tracas perpétuel. » Quand il écrit ce genre de choses, l'humeur est basse. « Les saints trouvaient la paix dans le désert, ici c'est bien un désert mais je ne trouve pas la paix. Il manque sans doute la sainteté. » Tout au fond de sa mélancolie, il retrouve un peu d'humour.

Le 29 août, il y eut une tempête de neige. Ils avaient connu l'été, voilà l'hiver qui revenait.

En septembre, la glace figea de nouveau sur les chenaux. Nansen passait du temps dans ce qu'il appelait « l'atelier », une cabine qu'il s'était aménagée comme un bureau. « Sans la séparation d'avec Eva, la vie ne me serait nulle part aussi agréable qu'ici, dans ce calme. » Il faisait parfois si chaud qu'il ouvrait les fenêtres pour faire rentrer un peu d'air à - 30 °C.

Le 22 octobre, il faisait - 36 °C. Un jeune chien lécha un anneau de fer sur le pont, sa langue y resta collée. Alertés par ses cris, on l'immobilisa aussitôt, on le calma pour qu'il n'aille pas s'arracher la langue en se débattant, on réchauffa l'anneau en le frottant avec les mains gantées. Enfin libéré, il alla se réfugier vers Kvik en gémissant.

Ils firent tous une longue randonnée à ski dans la nuit sous la lente palpitation bleue et verte d'une aurore boréale.

Nansen annonça à Sverdrup que ce serait le dernier hiver qu'il passerait à attendre que la glace veuille bien les emporter dans la bonne direction. Si en mars prochain ils n'avaient pas atteint 85 degrés, il descendrait du bateau et finirait à pied ; il monterait une expédition de deux hommes, vingt-huit chiens, une tonne de matériel sur les traîneaux : 700 kilomètres, ce serait un peu plus que de traverser le Groenland, mais pas tant que ça. Et avec l'aide des chiens, pas en tirant soi-même les traîneaux, en six semaines ils seraient au pôle. Il n'y aurait plus qu'à rentrer, six semaines encore en mangeant les chiens au fur et à mesure. Fin juin, c'était plié, on rentrerait en Norvège.

Mais qui l'accompagnerait ? Pas Sverdrup, justement, il était trop expérimenté, il fallait un homme comme lui pour commander le *Fram* en l'absence de Nansen. Il choisit Johansen, solide gaillard, gymnaste, meneur de chiens, et de plus au caractère agréable. Il avait tout bien calculé, assis à sa table de travail.

Johansen accepta. Ils construisirent deux kayaks en toile tendue sur des perches de bambou, ils choisirent les provisions et les vêtements, pas trop chauds parce qu'ils feront de l'exercice et transpireront. Ils emporteront une légère tente en soie et un réchaud à pétrole, rien d'encombrant, il comptait sur la rapidité. Avec des chiens et des skis sur la glace, ça devrait aller vite.

Ils fêtèrent de nouveau Noël. Blessing fabriqua un champagne avec du jus d'airelles. On donna un bal dans le salon, on dansa, Nansen déguisé représentait le beau sexe et minaudait avant d'accepter les invitations de chacun. Ils fêtèrent 1895 qui arrivait en vidant des bouteilles d'aquavit. Et puis le navire reçut des chocs terribles. Sous eux, la banquise bougeait. Cette fois-ci, ils eurent peur, les chaloupes furent chargées de vêtements et de provisions au cas où le *Fram* se briserait. La glace convulsait lentement. Ils montèrent sur le pont, et sur la banquise légèrement luminescente, au loin dans la nuit, ils virent apparaître une crête de pression. Elle avançait vers le *Fram* comme un tsunami gelé, très lente elle progressait par secousses et craquements. Lorsqu'elle heurta le navire, les membrures grincèrent effroyablement, hurlèrent des gémissements de bois tel un violoncelle qu'on écrase, et finit par se briser, déversant une cataracte de glaçons sur le pont. Ensuite tout se calma. Le flanc du navire disparaissait sous un amoncellement de glace brisée. Pendant plusieurs jours, ils déblayèrent des tonnes de débris.

Nansen envisagea le pire comme étant le plus raisonnable ; il imposa aux hommes deux heures de ski par jour, afin que tous soient prêts pour une retraite si le *Fram* venait à se briser. Blessing, qui malgré ses avertissements adressés aux autres avait lui-même pris du poids pendant son séjour immobile, rentrait épuisé de ces entraînements. Il ronchonnait dans son journal qu'en cas de malheur, il préférerait mourir là, sur la glace, parce que rentrer à pied en Norvège, il n'y résisterait pas.

Revigoré par sa décision de finir l'expédition par lui-même dès que le soleil serait revenu, Nansen était de très bonne humeur, il devenait liant, charmant, harponnant tout le monde sur son passage pour bavarder, et passait aussi beaucoup de temps enfermé dans sa cabine. Parce que, derrière cette joyeuse assurance de façade, il traversait une phase de dégoût de soi. « Mon compte vital se trouve en banqueroute, écrivait-il. Un grand homme se consacre à une seule tâche. Je me suis dispersé, et j'ai gâché ma vie. » Rien de moins. Ni dans l'enthousiasme ni dans le désespoir il n'y allait de main morte. Enfermé dans sa cabine, il remplissait des pages entières de commentaires un peu décousus sur ce péché contre l'esprit qui ne lui serait pas pardonné, sur le désespoir de se sentir dépositaire de grands désirs et d'être incapable de les accomplir. « Je n'ai jamais réalisé de grandes pensées par mes seuls moyens intellectuels. Pourquoi ai-je reçu des aspirations de Titan, et n'ai-je été créé que comme une très ordinaire fourmi ouvrière ? Un homoncule… »

Neurosciences, art, littérature, ski et aventure, il avait tout tenté avec succès, mais ce n'étaient que déceptions, car il avait attendu toute sa vie la grande idée qui l'aurait traversé comme un éclair de génie. C'est durant la jeunesse que les éclairs viennent, et il n'allait pas rester jeune bien longtemps, l'âge ne lui apporterait plus rien car il est dépourvu d'orages. L'occasion s'était présentée quand il étudiait la neurologie, il avait entrevu la grande découverte, mais, aussitôt à portée de main, le charme s'était évanoui. Il avait deviné la notion de neurone, mais c'est un rival, Waldeyer, qui en avait inventé le terme. Nansen était cité dans l'article de Waldeyer, et ce fut sa dernière apparition dans ce domaine de recherche : l'Histoire ne retiendra pas son nom. Il avait manqué la création du concept, et quitté le champ scientifique pour partir à l'aventure sur la banquise, comme si entrevoir avait été la fin, dégonflant aussitôt son intérêt pour le sujet. Il n'avait pas assuré le service après-vente indispensable aux sciences, qui consiste à marteler ses résultats, les publier, défendre sa place. S'il n'atteignait pas le pôle, encore une fois il aurait manqué son but. Son père lui avait toujours conseillé de ne trop se disperser ; et maintenant, accablé dans sa cabine, il sentait tout le poids de cet avertissement qu'il remâchait comme une malédiction.

***

— Ça me fait plaisir que tu t'intéresses à mon petit chéri.

— Votre petit chéri, Madame Abkarian ?

— À mon âge, j'appelle tous les messieurs « petit chéri », et ça passe très bien. Là, je parle de monsieur Nansen.

— Je ne comprends pas encore tout à fait.

— Qu'est-ce que tu ne comprends pas ?

— Nansen, ou plutôt les deux Nansen…

— Des Nansen, je t'assure qu'il n'y en a qu'un.

— Avant de vous connaître, j'avais vaguement entendu parler du héros polaire, même s'il me semblait bien qu'il n'avait jamais atteint le pôle. Et puis, si je connaissais l'existence du passeport Nansen, je n'avais jamais soupçonné que c'était la même personne puisqu'il n'y a pas de raison pour qu'un explorateur fasse des passeports.

— Eh bien si : lui.

— Mais comment ? Et pourquoi, surtout ?

— L'épreuve, sans doute. L'épreuve. Il a vécu la souffrance de n'être presque plus rien, ça change un homme ; une femme aussi ; et même une petite fille, je peux te le dire.

Elle ne m'en dit pas plus. Madame Abkarian était vive, mais pas longtemps ; alors je redescendis chez moi et continuai de sonder l'épreuve. Parce qu'au fond, je n'y connais rien, à l'épreuve ; pour elle, je devais essayer de la comprendre.

***

Le 26 février, ils partirent enfin. Une photo fut prise sur la glace, vingt-huit chiens et trois traîneaux chargés, deux surmontés d'un kayak, Nansen et Johansen posant sur leurs skis. Il faisait - 30 °C, tout l'équipage était emmitouflé. Nansen fit un discours vibrant où il réaffirma la délégation de pouvoir à Sverdrup. On l'applaudit, mais avec les moufles on n'entendit pas grand-chose. Ils partirent. Nansen en tête suivi de Kvik qui trottinait sur ses talons, les trois traîneaux s'ébranlèrent, accompagnés à ski de Sverdrup et de trois autres membres de l'équipage qui leur faisaient un brin de conduite. Ils n'avaient pas fait 500 mètres que l'un des traîneaux se disloqua sur un petit hummock de rien du tout qu'il tentait de franchir, petit mais bien abrupt et bien dur. Le traîneau suivant ne s'arrêta pas et le percuta, cassant un de ses patins. Ils rentrèrent au *Fram*.

Ils tractaient plus d'une tonne de matériel sur les trois traîneaux, c'était trop. Nansen décida de tout répartir sur six traîneaux, en réduisant les attelages de neuf chiens à quatre. Le 28 février, ils repartirent, accompagnés encore de Sverdrup et des trois autres. Les chiens en petits groupes étaient moins efficaces, s'entraînaient moins les uns les autres, ils ne savaient pas qui suivre. À seize heures, la nuit revint et ils s'installèrent pour camper, ils avaient parcouru 6 kilomètres.

Le *Fram* resplendissait dans la nuit, Sverdrup avait donné l'ordre de hisser la lampe à arc au sommet du grand mât, des torches et des feux de Bengale sur les autres pour que le groupe puisse le repérer de loin et ne pas se perdre quand il rebrousserait chemin. Pour la première fois de l'histoire de l'humanité, la lumière électrique perçait la nuit polaire.

Au matin, lever le camp leur prit du temps ; il fallait ranger le matériel, rassembler et harnacher les chiens, ils n'étaient pas encore très habiles. Sverdrup décida de faire demi-tour, le duo des aventuriers était lancé, plus ou moins. « Le temps est gris, un peu cafardeux ; notre esprit aussi », nota Nansen dans son journal. Tous souffraient surtout d'une sacrée gueule de bois, ils avaient refait une fête de départ, et le médecin avait concocté avec de l'alcool pur un punch très raide, servi *ad libitum*, et Nansen ne s'en était pas privé. L'air glacé leur faisait du bien.

À eux deux, Johansen et Nansen devaient gérer six traîneaux, six équipages de chiens, faire de multiples allers-retours, les presser, les encourager, leur hurler des ordres. À la moindre pente, les chiens s'arrêtaient, il fallait faire repartir les six attelages un par un, courir de l'un à l'autre, c'était épuisant. Au soir, ils s'engueulèrent à propos des chiens. Johansen fit la remarque que ce n'était pas la peine de gaspiller leurs forces à tous les attacher, parce que dans le grand nulle part où ils étaient, ils n'iraient nulle part, justement ; et Nansen, surpris, répondit avec hauteur qu'il lui aurait bien volontiers passé le commandement, mais que ce n'était pas possible, que lui avait l'expérience des voyages et s'il avait été décidé d'attacher les chiens tous les soirs, c'était comme ça que ça allait se passer. Johansen insista : il ne s'agissait pas de passer le commandement, mais d'être raisonnable. « Bon, nous n'allons pas nous quereller le premier soir », admit Nansen. Et pourtant, Johansen se serait bien disputé, même si c'était un peu absurde au milieu de rien et par - 40 °C, mais il bouillonnait de ressentiment refoulé d'être traité depuis des mois comme un enfant – c'est ce qui apparaît dans son journal. Il lança encore quelques répliques tranchantes que Nansen choisit d'ignorer, et ils se couchèrent sous la tente, quand même blottis l'un contre l'autre dans leur double sac de couchage, les chiens roulés en boule autour d'eux. Ils n'avaient de toute façon nulle part ailleurs où aller (le pronom vaut pour les hommes comme pour les chiens...).

Le lendemain, Johansen eut la surprise d'entendre Nansen lui demander son avis ; et finalement il voulut bien admettre une série d'erreurs. Il y avait trop de traîneaux, alourdis par trop de matériel, trop peu d'hommes pour les conduire ; ils étaient partis trop tôt dans la saison, les jours étaient trop courts, il faisait trop froid. Les chiens avaient eu froid toute la nuit, ajouta-t-il avec une sollicitude surprenante. Johansen estima que Nansen avouait là discrètement que lui-même avait eu froid. « Sans me vanter, écrivit-il, je supporte mieux le froid que lui. »

Nansen attendit le lendemain pour admettre qu'il faudrait peut-être rentrer. Heureusement, ils voyaient encore la silhouette du *Fram* au loin, ils avaient à peine franchi une douzaine de kilomètres. Il attela huit chiens sur un seul traîneau et partit en laissant Johansen seul derrière lui. Skiant à toute vitesse, il mit quelques heures à franchir ce qui leur avait pris trois jours. Il nota dans son journal : « Les avantages de la légèreté sont évidents. »

Sur le *Fram*, ils furent un peu surpris de le voir rentrer seul, laissant un compagnon sur la glace. Deux hommes allèrent rejoindre Johansen avec une bouteille d'aquavit ; ils le trouvèrent de très bonne humeur à goûter un peu de solitude, ramenant patiemment les traîneaux et les chiens, sans crier ni les frapper. Johansen était très empathique avec les chiens, il préférait souvent leur compagnie à celle des hommes.

Il fallait se réorganiser. Dans sa cabine, Nansen traça les plans de la tentative suivante, qui serait la bonne. Le ski était efficace, et le poids un obstacle : il fallait miser sur la vitesse et la légèreté, l'expédition réussirait à condition d'être rapide. Il se prépara par de minutieux calculs, il opta pour trois traîneaux, une tente conique, 80 jours de viande pour les chiens, 100 jours de nourriture pour les hommes, calculée au gramme près après pas mal d'hésitations, de repentirs et de vérifications. À la fin, la tonne d'équipements fut réduite à 700 kilos. Ils abandonnèrent les vêtements de peau de loup qui font transpirer sans évacuer la sueur, qui gèle et condamne à mourir de froid. Nansen revint à la laine. Le 14 mars au matin, tout était enfin prêt, ils partirent. Quelques-uns les accompagnèrent encore une fois, puis firent demi-tour. Sverdrup serra chaleureusement la main de Nansen, comme s'il s'y accrochait : « Si vous revenez avant moi en Norvège… si vous songiez à partir pour le pôle Sud… soyez assez bon pour m'attendre… Je tiens à vous accompagner là-bas. » Sverdrup, l'homme toujours là, dont on a un peu oublié le nom.

Les voilà de nouveau seuls, Johansen et lui, à 84 degrés de latitude nord. Ils avaient 180 cartouches à balle, 150 cartouches à plomb, un théodolite et un sextant pour savoir où ils étaient, parce que le pôle Nord, à l'œil, ça ne se voit pas, un appareil photo, 16 litres de pétrole, de la viande en poudre et du poisson séché, 39 kilos de beurre et du chocolat, répartis sur les trois traîneaux auxquels étaient harnachés les chiens. C'étaient toutes leurs possessions pour s'enfoncer là où il n'y a rien.

En avant.

La glace était lisse et unie, alors ils filaient ; et puis elle fut accidentée, la plaine barrée de hummocks qu'il fallait escalader en portant les traîneaux, c'était épuisant. Les chiens trottinaient de bon cœur quand tout glissait, mais s'arrêtaient au moindre obstacle, il fallait alors hurler, faire claquer le fouet, les battre jusqu'à ce qu'ils avancent en gémissant, la queue basse. Nansen se reprochait cette violence, mais « c'est une loi de notre situation, nous devons marcher vers le nord ; aucune considération de sentimentalité ne doit nous arrêter. » Un chien tomba malade, au matin il ne s'était pas levé. C'était de la viande maintenant, une économie de provisions. Ils l'abattirent et, le soir, jetèrent sa carcasse aux autres. Mais ils n'en voulurent pas, ils allèrent se rouler en boule pour passer la nuit sans manger. La cruauté n'était pas encore générale, les chiens gardaient un peu d'humanité.

Le 22 mars, ils dépassèrent 85 degrés de latitude nord. Le ciel était clair, le temps radieux et donc très froid, -42 °C le jour et -44 °C la nuit. La vapeur qui se dégageait de leur corps se condensait à la surface de leurs vêtements et les couvrait d'une carapace de glace, les extrémités de leurs manches devenaient des lames qui frottaient leurs poignets, créant des plaies ouvertes qu'il fallait soigner. Le soir, épuisés, ils montaient leur tente à l'abri du vent derrière un hummock, leurs yeux se fermaient malgré eux, et ils s'enfouissaient dans le sac de couchage pour dégeler. Pendant une heure, ils grelottaient serrés l'un contre l'autre, le dégel se faisait aux dépens de leur chaleur corporelle, enfin leurs vêtements redevenaient souples, et ils s'endormaient.

Au matin, il fallait poursuivre sans défaillance ni question, harnacher, pousser les attelages, avancer. Le 29 mars, le vent vint du sud, le temps se couvrit, il faisait à peine -34 °C et c'était comme l'été, ils ne souffraient plus du froid dans leur sac de couchage. Le 31, par seulement -30 °C, ils avançaient d'un bon train quand la banquise se rompit et s'ouvrit. Un chenal d'eau libre apparut entre Nansen, en tête avec un traîneau, et Johansen, derrière avec les deux autres. La glace craqua de nouveau sous les pieds de Johansen, il se rattrapa comme il put, se mouillant entièrement les jambes. Nansen finit par trouver un pont de glace, ils franchirent le chenal, s'en éloignèrent pour se mettre à l'abri et campèrent ; il fallait vite dégager les jambes de Johansen de son pantalon transformé en gangue rigide.

Sous le ciel couvert, tout était blanc, la lumière fantomatique ne permettait plus de distinguer les creux des reliefs, ils s'y heurtaient en permanence, ils devaient poser les skis, porter les traîneaux, franchir des chaînes successives de blocs qui obstruaient leur route, entrecoupée de failles et de chenaux. Un nouveau chien tomba malade, il dut être sacrifié, son cadavre partagé en vingt-six parts pour les autres, mais six refusèrent encore d'y toucher, la cruauté progressait.

Eux, par contre, progressaient trop lentement vers le nord, la dérive les rejetait vers le sud, ils marchaient sur un tapis roulant à l'envers. Les chiens n'en pouvaient plus. Souvent, ils devaient patauger dans l'eau, ce qu'ils détestaient. Le 6 avril apparut l'idée de renoncer. Les monticules de glace faisaient 10 mètres de haut, le halage des traîneaux les épuisait, ils franchissaient 6 kilomètres en une journée d'efforts surhumains. Ils se donnèrent encore une journée.

Le 8 avril, ils décidèrent de « battre en retraite », l'expression est de Nansen. Il partit en reconnaissance, grimpa sur un amoncellement de blocs et regarda vers le nord. Johansen prit la photo : sur les empilements de glace, la petite silhouette encapuchonnée de Nansen se détache en noir, la main en visière pour figurer le regard au loin. Leur campement est à 86° 15', et lui, encore quelques mètres plus loin, tout seul, il est l'homme le plus au nord de l'histoire de l'humanité. Il regarde au-delà, il regarde le chaos infranchissable qui s'étend jusqu'à l'horizon. Le pôle est derrière, invisible, inatteignable. De toute façon il n'existe pas puisqu'il s'agit d'un point géométrique.

Ils s'offrirent des biscuits, du beurre, du chocolat et de la confiture d'airelles, ce fut un petit banquet pour fêter ce grand pas pour l'homme qui restait un pas modeste pour l'humanité, mais ils avaient fait mieux que tout le monde jusque-là. « Après une bonne sieste, nous nous remettons en marche vers le sud », note Nansen comme s'il racontait un pique-nique.

La retraite, c'est le mot qu'il emploie, fut une longue déconfiture, un peu celle de Russie, mais à deux. Ça y ressemble

– même climat, même abandon progressif de tout matériel et de toute figure humaine, et mêmes attaques de cosaques, cette fois déguisés en ours, les harcelant toujours. Ils devaient aller vers le sud, plus ou moins retrouver le *Fram*, ou bien aborder des îles de l'archipel François-Joseph, si mal cartographié, ou encore atteindre le Svalbard ; là il y aurait peut-être du monde. Le projet était de survivre, on voit que son application était des plus vagues, ils étaient eux-mêmes l'aiguille dans la botte de foin et il fallait qu'ils se repèrent.

En miroir, le récit de cette retraite est une longue déconfiture littéraire. Il n'y a rien à raconter parce qu'il n'y a pas de paysage, pas de rencontres, pas d'autre action que de marcher, et encore, plutôt patauger, pas d'autre intrigue que d'aller tout droit vers on ne sait où. La page blanche angoisse et là elle reste blanche, il y a du blanc partout, sol gelé, ciel et brume, du blanc dessous, dessus, à perte de vue, du blanc. À ce point précis du récit, le narrateur a un doute sur le sens et la faisabilité de sa tâche : peut-il continuer ? Nansen, non, aucun doute, il avance. Mais la dérive, résolument contrariante, les déportait cette fois vers le nord.

Nansen passa le jour de Pâques à faire des calculs de position pour déterminer à peu près où ils étaient, pour poser un point quelque part sur la surface presque entièrement blanche de la carte. Des chaînes continues de hummocks leur faisaient obstacle, ils en observèrent de massifs, de forme carrée, comme des montagnes qui émergeraient de la glace : « des blocs paléo-crystiques très certainement », nota-t-il. Cela doit rassurer de nommer ce que l'on ne peut franchir. Ils croisèrent un tronc de mélèze de Sibérie planté devant une falaise de glace, de ceux qui s'échoueront sur les côtes du Groenland des années plus tard. Les chiens flanchaient les uns après les autres. Ils les abattaient et jetaient la carcasse aux autres, et aucun ne faisait plus la fine gueule. Le sens de la communauté diminuait, quasi disparu.

Ils ne devaient pas être loin des archipels arctiques, ils s'attendaient à apercevoir une terre d'un instant à l'autre, mais rien. Toujours rien. Dans une polynie[6] vaste comme un lac, ils aperçurent des narvals qui venaient respirer, leur longue défense sortant de l'eau, et puis ils disparaissaient.

Selon leurs calculs, ils auraient dû trouver la terre de Petermann mentionnée sur la carte de Payer de 1876. Alors, trois possibilités : soit la carte était fausse, soit ils n'étaient pas à l'endroit où ils croyaient être, soit l'île était si petite qu'ils étaient passés à côté sans la voir. Le pack se disloquait, c'était un dédale de canaux. Il neigeait, et la neige était molle.

L'Arctique s'animait. Ils virent des oiseaux, ils entendirent des phoques, ils virent de nouveau des narvals. Leur première idée fut de regretter de ne pas avoir de harpon à la main, ils le leur auraient bien planté dans leur chair succulente, chaude et tendre. Ils n'avaient plus que six chiens. Ils n'avaient plus grand-chose à manger. Ils se préparèrent un déjeuner avec chacun 36 grammes de beurre et 18 grammes de pain, une tartine inversée spéciale région polaire. Ils flinguèrent une mouette, elle était excellente.

Ils marchaient, pataugeaient, zigzaguaient. « Quelle vie monotone que la nôtre ! », nota Nansen ; quel récit sans forme que le récit d'une progression dans les glaces, soupirait le

6. Étendue de mer libre dans la banquise.

narrateur en rédigeant ces pages. Le paysage fondait. À force de détours pour éviter les chenaux, ils n'avançaient plus. Ils abattirent un chien pour le manger, la soupe de sang fut revigorante. Il fallait trouver une terre avant d'être engloutis.

Ils attachèrent leurs deux kayaks bord à bord, fixèrent les skis en travers, les traîneaux par-dessus, cela formait un catamaran assez misérable mais qui avait la qualité d'être stable. Ils se demandèrent ce qu'ils allaient faire des chiens, quand ils les virent s'installer d'eux-mêmes dans l'embarcation, se rouler en boule et ne plus bouger. Instinct de survie, sans doute, profil bas pour que les ogres qui les menaient les oublient quelques jours encore.

Les deux coques de toile graissée n'étaient pas très étanches, ils écopaient mais ils avançaient. Des phoques apparaissaient ici et là, ils sortaient de l'eau leurs têtes curieuses, regardaient et plongeaient. Il fallait de la viande. Ils voyaient de la viande partout, ça les obsédait, ils désiraient furieusement quelque chose de chaud et de gras, quelque chose d'onctueux qui ait le goût de la vie. Alors qu'ils remontaient l'embarcation sur une berge de glace inclinée, un phoque plus curieux que les autres vint les regarder de près. « Tire ! », cria Nansen à Johansen qui avait le fusil à portée de main. Il tira, le coup frappa l'animal à la tête, il se couvrit de sang et bascula dans l'eau, il allait couler. Nansen lâcha tout, saisit le harpon et le lança, le lui planta dans la chair grasse de l'échine. Il se précipita et le frappa au couteau dans la gorge. Le sang jaillit, se répandit dans l'eau. Quel regret de perdre ce régal ! Pendant ce temps, le traîneau qu'il était en train de débarquer glissait sur la berge, le kayak mal remonté s'enfonçait dans l'eau, les skis tombèrent et disparurent. Ils se précipitèrent pour essayer de rattraper ce qu'ils pouvaient, tout était trempé. Le fourneau avait coulé, le pain était mouillé, les balles furent heureusement sauvées.

Ils mangèrent. La graisse de phoque était d'un goût excellent, comme du beurre. Graisse crue, grillades de viande, crêpes de sang, tout ça sur une lampe à huile, c'était leur déjeuner d'ogres. Une fumée âcre envahit la tente, les fit tousser, pleurer, et arriva ce qui devait arriver, la graisse prit feu. Ils sortirent en hâte, la lampe explosa et le feu prit partout. Ils sauvèrent la tente, mais elle était percée d'un grand trou aux bords brûlés. Une fois que tout fut rangé, ils reprirent leur friture. Les crêpes de sang au sucre étaient une merveilleuse gourmandise. La confiture d'airelles était salée à cause du naufrage, mais toujours excellente.

Le 27 juin, c'était l'été, le temps était lumineux, la vie monotone, ils attendaient que ça fonde. Ils repartirent en chasse. Un ours, curieux, vint les voir, Nansen tira, l'ours vacilla sous l'impact et s'enfuit, il disparut derrière un hummock. Ils le poursuivirent, acharnés, avides de viande. C'était une ourse, deux oursons l'attendaient, tous prirent la fuite. Nansen tira encore, l'ourse s'effondra. Les oursons désemparés tournaient autour d'elle en gémissant. Un nouveau coup de feu et l'enfant roula auprès de la mère. Le survivant sidéré regardait les deux corps immobiles, il poussait des cris de lamentation, il pleurait. Il fut abattu. Les trois cadavres furent ouverts, éviscérés, dépecés. Les deux hommes avaient des provisions. Matin et soir, ils mangèrent de l'ours. La poitrine d'ourson était excellente, sanguinolente et tendre. À ce moment-là, s'il l'avait rencontré sur la banquise, Nansen aurait pu tuer Bambi à mains nues, plonger ses dents dans sa chair tiède et boire son sang, manger ses viscères et son cœur encore palpitant, s'en barbouiller le visage ; il ne serait resté de visible que ses yeux, brillant d'une autorité froide, son regard buté.

Deux hommes isolés dans le Grand Nord laissaient derrière eux une traînée de sang. C'était ici le pays des carnivores, rien à brouter si ce n'est la poussière verte des algues microscopiques dans les trous d'eau, juste bonnes à nourrir un plancton transparent ; les grandes créatures, elles, se nourrissaient de chair fraîche et de sang. Les deux hommes perdus étaient revenus à un état antérieur à l'humanité, réduits à un corps souffrant, asocial, simplifié, seulement une fonction digestive pilotée par une avidité dévorante. Ils buvaient du sang, ils survivaient par le meurtre.

Mais ça le travaillait quand même, Nansen, de tuer des petits qui pleuraient devant le cadavre encore chaud de leur mère, deux oursons trop jeunes qui n'osaient pas s'éloigner, n'osaient pas fuir car ils étaient animés de l'espoir fou qu'elle se redresse. Ils préféraient rester auprès de leur mère, auprès de sa masse rassurante et de sa fourrure, seule douceur qu'ils aient jamais connue dans ce monde de gel, plutôt que de partir seuls dans l'immensité nue ; ils préféraient mourir plutôt que d'être abandonnés, ils préféraient voir les séides de la mort approcher et les tuer l'un après l'autre plutôt que de rester seuls. Ça travaillait Nansen, d'avoir vu ça, d'avoir fait ça, alors il le racontait avec un peu de froideur bravache. Mais qu'il ait pu écrire cette phrase : « le bébé roula auprès de sa mère » fait entendre tout le pathos de la situation et la terreur de l'enfant laissé seul à laquelle aucun mammifère n'est indifférent. Et aussi cette phrase provocatrice : « La poitrine d'ourson est un mets délicat », qui laisse penser que Nansen soigne par ce cynisme gastronomique la grande tristesse d'avoir ainsi tué la mère sous les yeux de ses oursons. Réduire la poitrine de bébé à de la chair délicieuse, c'est comme un rituel sanglant de mise à distance, c'est ricaner pour ne pas pleurer. Seul au pôle, il était arrivé tout au fond de sa nature d'enfant mélancolique qui joue l'adulte à la perfection. Cela, il ne le dira pas, jamais, mais de faibles indices suggèrent qu'il y pensait au moins confusément.

Le 17 juillet (et on rappelle que l'hiver vient en septembre), ils abandonnèrent l'essentiel de leur matériel et de leurs vêtements trop chauds, s'allégèrent pour aller plus vite tant ils se croyaient proches du but. Ils embarquèrent sur leurs kayaks et reprirent leur progression vers le sud.

Le 24 juillet, ils crurent d'abord à un nuage, mais c'était bien un champ de neige moucheté de rochers qui pointaient à travers. Terre en vue ! Pour fêter ça, ils mangèrent leurs dernières pommes de terre, avec de la graisse de phoque et des langues d'ourson. Il fallait continuer encore plus au sud, il y avait suffisamment d'eau libre pour y aller en kayak. Ils abandonnèrent les deux chiens qui restaient, c'est-à-dire que chacun abattit le préféré de l'autre, pour s'épargner un peu. Ils hissèrent une toile sur le catamaran bricolé et voguèrent.

Ce n'est que le 14 août qu'ils mirent le pied sur la terre ferme, rien qui ne fonde ni ne dérive. Ils sautèrent d'un rocher à l'autre pour le plaisir de ne plus craindre de craquements, de fissures, de ne plus avoir peur à chaque instant de passer au travers. Et, tapis entre les pierres, ils découvrirent des mousses, des saxifrages et des pavots nains, les premiers végétaux qu'ils voyaient depuis deux ans ; c'était le retour inespéré de la douceur dans le paysage. Très peu, mais bien là.

Pour fêter ça, ils hissèrent le drapeau norvégien et mangèrent à son pied, assis sur une pierre ronde. On peut s'étonner qu'ils l'aient conservé, mais si, le drapeau destiné à être planté au pôle, ils l'avaient encore.

Où étaient-ils ? Rien ne ressemblait à la carte. La mer était libre jusqu'à l'horizon, ils devaient se trouver sur la côte occidentale de l'archipel François-Joseph. Probablement. Août allait finir et la glace revenait, les zones d'eau libre se resserraient déjà. Ils n'avaient plus de chiens et décidèrent de passer l'hiver sur une île plus au sud. D'abord, ils tuèrent des morses et des ours, des ourses surtout et leurs oursons, car c'étaient elles qui s'approchaient d'eux pour nourrir les petits. Ils dépeçaient la viande, prélevaient les peaux, ce seraient les provisions, les abris et les équipements de l'hiver. Ils sauvaient leur peau en s'habillant de celle des autres, et sauvaient leur chair en mangeant celle des autres. La seule ressource, ici, c'était l'animal, et ils confectionnaient d'étranges recettes de biscuits de sang à la graisse frite. Ils chassaient. Leurs vêtements étaient couverts de sang séché, ils dépeçaient les gros animaux plongés jusqu'aux coudes dans leurs entrailles, le sang les imprégnait et ils n'avaient aucune possibilité de se laver ou de se changer.

Au début de septembre, ils commencèrent à construire un abri. Le jour même, un vol d'oies sauvages traversa le ciel en quelques battements d'ailes, elles allaient vers le sud avec une facilité qui les fit rêver. Avec des outils bricolés, une dent de morse comme pic, une omoplate de phoque comme pelle, un patin de traîneau comme levier, ils descellèrent des pierres, les transportèrent en les roulant à l'aide du levier, puis bâtirent des murs autour d'une tranchée – 90 centimètres pour les murs, autant pour la tranchée : ils pourraient se tenir debout. Le sol était inégal, garni de pierres figées par le gel. Un bois flotté forma le faîtage, et deux peaux de morse servirent de toiture, lestées de cailloux. Les murs furent isolés de mousse et de morceaux de peau. Le local faisait deux mètres sur trois, il leur parut luxueux par rapport à leur tente de soie trouée posée directement sur la glace. C'était grand comme des toilettes, bien sûr sans fenêtre, et ils allaient y habiter plusieurs mois.

À la fin de septembre, leur maison était prête, et ils y passèrent leur première nuit. La porte de peau refermée, ils s'éclairaient avec une lampe à graisse bricolée avec un morceau de fer-blanc et une mèche faite d'une bande de gaze. Ravis du luxe de leur cagibi, ils imaginèrent prendre un peu d'indépendance, dormir enfin séparément, chacun sous une peau, persuadés que la lampe réchaufferait l'atmosphère. Mais, si elle éclairait, elle ne chauffait pas, et ils grelottèrent toute la nuit, chacun de son côté. Le lendemain, ils renoncèrent à faire lit à part. Comme ils en avaient pris l'habitude sur la banquise, ils se blottirent l'un contre l'autre, dans un sac de couchage de peau d'ours. Les pierres du sol ne pouvaient être bougées, elles les martyriseraient tout l'hiver.

En maçonnant des blocs de glace, ils construisirent une cheminée pour évacuer la fumée de la lampe. Il fallait la réparer sans cesse, car elle fondait et se bouchait. La hutte était toujours envahie d'une fumée lourde de graisse brûlée.

« La vie est très monotone. » L'euphémisme revient dans le journal de Nansen ; et on veut bien le croire, voilà deux ans qu'il le répète, et là, c'est pire. La journée commençait par la préparation du petit déjeuner, viande d'ours et gras de morse ; ensuite, pour prendre un peu d'exercice, ils tentaient une promenade. Toujours très courte, parce qu'ils n'avaient plus de vêtements adaptés au grand froid, les ayant abandonnés en embarquant dans les kayaks. Et puis le vent polaire était d'une violence telle qu'il menaçait de les faire tomber. Il y avait des journées entières où ils ne sortaient pas. Ensuite, ils préparaient le repas de midi, puis celui du soir, viande d'ours bien conservée par le gel du dehors, et lard de morse fondu sur la petite lampe. Dans la hutte, la température se maintenait autour de zéro, il faisait - 40 °C dehors, ils vivaient dans un frigo enfermé dans un congélateur. Sur les murs se formaient des draperies de glace qui leur faisaient une grotte de marbre où la flamme de la lampe jetait des reflets tremblants. Sinon, ils tâchaient de dormir le plus possible.

Nansen avait imaginé revoir ses notes de voyage, commencer à en écrire la relation, mais son cerveau était brumeux, il n'avait aucune motivation à prendre la plume, et il y eut des semaines où il ne nota rien dans son journal. De toute façon, il ne se passait rien ; et puis ses mains imprégnées de gras et de suie laissaient des traces noires sur le papier, qui caviardaient ce qu'il venait d'écrire comme un censeur de la police tsariste. Ils étaient tous les deux ignoblement sales. Leurs vêtements, qu'ils n'avaient pas quittés depuis un an, étaient des loques saturées de graisse et de sang séché. Leur peau était couverte d'une crasse épaisse, sueur séchée et suie graisseuse mêlées, ils avaient des yeux et des dents de ramoneurs, seule clarté sur une peau noircie par des mois de saleté accumulée, leur visage envahi d'une grosse barbe grasse et de longs cheveux collés.

Leurs vêtements avaient durci au point de les blesser, leurs frottements ouvraient des plaies aux genoux, aux coudes, aux chevilles. Ils se nettoyaient les mains en les enduisant de sang chaud et de graisse fondue, puis les frottaient avec de la mousse, et pour le reste ils se raclaient la peau au couteau. Ils tentèrent de faire bouillir leurs vêtements : on les imagine nus dans leur peau d'ours, surveillant la marmite en silence, la regardant bouillonner et emplir la hutte de vapeur malodorante, mais sans savon cela ne servait pas à grand-chose. Ils essayèrent même le procédé employé par les Esquimaux, bien qu'il ne soit pas précisément ragoûtant, écrivit Nansen sans plus de précisions. On devine qu'ils les ont fait tremper dans leur urine tiède, mais sans résultat satisfaisant non plus, sinon de les empuantir davantage.

Ils faisaient tout lentement, leurs gestes ralentis en silence dans cet obscur réduit où rien ne donnait de la lumière si ce n'est la flamme tremblante de la lampe. Ils ne parlaient guère, tous les sujets de conversation étant épuisés. Parfois, ils jouaient à imaginer ce qu'ils feraient une fois rentrés, et puis s'endormaient sur leur lit de pierres pointues. Johansen ronflait, Nansen le bourrait de coups de pied, alors il se retournait et continuait de ronfler. « Aventures dans les cachots secrets du pôle » pourrait être le titre du roman de leur vie, où deux âmes perdues essaient de survivre, manger, dormir, en attendant que le temps passe de lui-même et les emmène jusqu'au printemps. Ils espéraient en la dérive naturelle du temps comme ils avaient espéré en la dérive naturelle de la glace à bord du *Fram*. On voit le résultat. Leur attente dura huit mois.

Dans leur tanière, ils vivaient une hibernation d'ours insomniaques, se tournant et se retournant sans le recours d'un vrai sommeil, ils oubliaient l'humanité et revenaient à l'animal. Ils ne mangeaient que des bêtes, habitaient leurs peaux, dormaient dans leurs fourrures, pendant que des renards cannibales trottinaient sur le toit de la cabane, leur volant des objets et même les pierres qu'ils avaient entassées, comme si les avoir simplement touchées et déplacées en faisait des objets de désir pour ces petits animaux maléfiques et infatigables, seules présences dans cet empire de la nuit où l'on n'entendait rien d'autre que le vent et le ressac mou des vagues… alors des trottinements, ici, ce ne pouvaient être que des illusions, ou des fantômes.

À Noël, pour changer, pour redevenir un peu humains, faire de cette nuit éternelle une journée particulière, ils ouvrirent leurs dernières conserves, gratin de poisson et semoule de maïs, tout ça frit dans l'huile de morse. « Si seulement nous avions un livre ! », soupira Nansen.

Cette détention par l'hiver, où l'homme est absolument misérable, réduit à sa seule petite flamme à chaque instant prête à s'éteindre, réduit à cette condition humaine minimale que raconte Varlam Chalamov dans ses nouvelles concentrationnaires, écrites après avoir passé des années dans les camps de Magadan. Cela fit sans doute toucher à Nansen son indivisible part d'humanité, la dernière limite juste avant le néant, le point où, à chaque instant, on n'est pas sûr d'être parce que cela vacille. « Je pense donc je suis », disait le philosophe confortablement couché devant son poêle, mais ici, sans poêle et absolument loin de tous, on n'en est pas là : c'est plus simple, plus organique, c'est plutôt « je souffre, donc je suis », « je tue et je dévore, donc je suis », « j'espère, donc je suis », rien de plus, car ils sont enfermés dans le goulag naturel de la nuit polaire, et rien de moins non plus, car moins que ça, ce serait la mort, ou plutôt la disparition sans trace dans ces contrées épouvantables où rôdent des carnivores. Il n'y a pas ici de place pour l'homme, sinon comme proie ou comme prédateur.

Pendant ces mois d'enfermement, Nansen si méditatif est sans doute allé tout au fond de lui-même. Comment vit-on quand on en revient ? Peut-être en devenant un mort-vivant brutal, absolument indifférent à l'humanité, la sienne et celle des autres ; ou bien on ressuscite, ayant acquis par la presque-disparition de soi une bienveillance universelle, souhaitant dorénavant protéger la vie humaine partout où elle subsiste malgré d'affreuses conditions. On verra... Cela a peut-être été un voyage initiatique que cette épopée calamiteuse et ratée du *Fram*, où le but fut manqué et dont tout le monde revint changé.

En février, ils virent le soleil, ils avaient vécu en permanence dans le noir jusque-là, et maintenant il faisait un peu jour. Ils tuèrent des ours et des morses, car ces curieux venaient voir les rochers entassés dont émanaient des odeurs animales et de graisse chaude.

Ils retapèrent leurs traîneaux, leurs kayaks, leurs vêtements, ils avaient encore leurs fusils, cent cartouches à balle, cent cinquante à plomb. « Nous pourrons tenir encore plusieurs hivers avec ça », note, bravache, Nansen, enivré par le soleil qui revenait. Le 19 mai, ils quittèrent la cabane.

En kayak gréé d'une voile, ils traversèrent les étendues d'eau libre, ils longèrent des îles où la vie réapparaissait, des végétaux, des oiseaux, ils recommencèrent l'équipée infernale à travers les glaces molles et les étendues d'eau. Nansen passa à travers un glaçon traître et fut récupéré *in extremis* par Johansen, de l'eau jusqu'à la poitrine. Une autre fois, il plongea pour récupérer le kayak mal amarré qui partait à la dérive et manqua de se noyer tant son corps engourdi par le froid lui refusait tout service. On frémit en pensant à ce que c'est que d'être entièrement mouillé sur la glace. Il mit des heures à se réchauffer et à retrouver une température corporelle normale. Par deux fois il avait manqué de disparaître, comme d'autres explorateurs. Ça s'est joué à rien que ce livre n'existe pas, ni le passeport.

Alors qu'ils pagayaient lentement le long d'une île, un morse solitaire émergea devant eux tout de suite menaçant, la tête furieuse, les moustaches hérissées : c'était le dieu pinnipède de la vengeance qui avait un compte à régler avec eux pour tous les meurtres qu'ils avaient commis. Il se précipita sur Nansen, essayant de renverser son kayak à coups de nageoires, à coups de tête, à coups de défenses. Nansen se défendait par de ridicules coups de pagaie sur la tête de l'animal. Et puis il plongea et disparut. Nansen poussa un soupir de soulagement et sentit ses jambes se mouiller. Le morse avait crevé la coque avec ses défenses, l'eau y pénétrait, il allait couler. Il eut juste le temps d'atteindre la côte, toutes ses affaires détrempées, la coque déchirée sur 15 centimètres. Ils campèrent.

Le 17 juin, l'été entamé, Nansen se leva le premier et prépara le petit déjeuner, c'est-à-dire qu'il fit frire sur la lampe des lanières de gras. Comme la brume se dissipait, il gravit un hummock pour observer les alentours. La brise apportait un grand vacarme d'oiseaux qui nichaient dans les falaises. Il crut entendre des aboiements. Et puis rien. Des aboiements encore. Il se souvint d'avoir entendu deux détonations qu'il avait prises pour des craquements de glace. Mais non. C'était maintenant évident : c'étaient bien deux coups de feu. Il cria à Johansen qu'il entendait des chiens... « Des chiens ? »

Après le déjeuner, Nansen partit en reconnaissance. Très vite, il trouva des empreintes, plus grosses que celles laissées par des renards. Des chiens, sûrement des chiens. Il suivit les traces. Il crut entendre, ou bien entendit vraiment, un aboiement encore, mais qui se dissipa dans l'immensité. Un peu plus loin, il entendit une voix humaine. Au milieu des hummocks apparut une forme noire qui trottinait : un chien. Et puis une forme noire debout, qui avançait d'un pas tranquille : un homme. Il fit des signes, ils s'approchèrent l'un de l'autre, ils se serrèrent la main avec cette inimitable phrase de l'explorateur britannique, qui reste britannique en toutes circonstances :

— *How do you do?*

La probabilité que deux aiguilles se retrouvent dans une botte de foin est infime, mais cela a souvent lieu, c'est tout le charme des récits d'exploration du XIXe siècle, les deux Blancs finissent par se croiser au coin d'un bois, derrière une montagne ou en pleine mer, à croire que c'est magnétisant que d'être blanc dans la Grande Sauvagerie. *How do you do ?*

Nansen était ignoblement crasseux, couvert de graisse et de suie, ses vêtements en loques rapiécés de peaux de bêtes. Et l'autre avait la moustache soignée et sentait délicieusement le savon, odeur perdue depuis tant de mois dont la mémoire revint d'un coup.

— Jackson, dit-il. Très heureux de vous voir.

— Moi également.

— Vous avez un navire ici ?

— Non. J'ai un compagnon resté sur le bord de la glace.

— Mais… n'êtes-vous pas Nansen ?

— Oui.

— *By Jove*, je suis diablement heureux de vous voir !

Et il lui serra de nouveau la main, avec effusion, c'était lui, Frederick Jackson, dont Nansen avait refusé la candidature parce qu'il était anglais. Il tombait bien.

Quand les autres membres de l'expédition vinrent les accueillir, Jackson leur annonça :

– C'est Nansen ! Il a atteint 86° 15'...

– Hourra ! Hourra ! Hourra ! hurlèrent-ils tous en chœur.

Chapitre IV

L'HOMME LE PLUS AU NORD DEVENU DIPLOMATE

Ils étaient sauvés, et ils allaient bien. Nansen avait pris 10 kilos et Johansen 6 à se nourrir de graisse et de viande frite sans bouger de leur cabane. Bien au chaud dans la maison des Anglais, ils bavardaient longuement, habitude perdue qu'ils retrouvaient avec joie. Ils explorèrent les environs, en étudièrent les pierres et trouvèrent des fossiles pris dans le grès, des aiguilles de pin et des feuilles de fougères. Nansen ne se posa pas la question de la présence de plantes dans ces contrées glacées dépourvues de forêts. Il n'allait quand même pas en plus inventer la dérive des continents en attendant le bateau. Il ramassait, examinait et dessinait, c'est tout.

Fin juillet, le bateau arriva. En déjeunant avec le capitaine, Nansen apprit des nouvelles étonnantes de ce monde qu'il avait quitté voilà plusieurs années. On pouvait voir les os à travers les gens, les Japonais avaient vaincu les Chinois et une compagnie norvégienne assurait un service régulier avec le Svalbard. Un Suédois, Salomon August Andrée, se proposait d'atteindre le pôle Nord en ballon, il attendait les vents favorables. Leur expédition leur parut soudain bien rustique et risquée.

Ils rentrèrent avec le bateau de ravitaillement. Le 12 août, ils étaient sur la côte de Norvège. À Vardø, Nansen et Johansen descendirent à terre et filèrent vers le bureau du télégraphe. Ils apportaient une centaine de dépêches à transmettre, et quand l'employé vit la signature, son visage s'éclaira, il regarda Nansen presque avec reconnaissance d'être ainsi le premier à le voir, il souhaita la bienvenue avec enthousiasme aux disparus des pôles que tout le monde croyait morts. Les trois premiers télégrammes furent adressés à Eva, au roi Oskar II et au gouvernement norvégien. Et c'est un flot de télégrammes de félicitations qui arriva en retour.

Au port, Nansen rencontra un Baden-Powell qui était un parent du fondateur du scoutisme, tout autant amateur de plein air, mais qui, lui, voyageait en yacht. Il les accueillit, ils logèrent dans une cabine luxueuse, où le lit moelleux était si tiède qu'un petit caleçon suffisait, cela leur faisait du bien de ne plus rien porter, la peau enfin respirait. Le 26 août au matin, Baden-Powell le réveilla brusquement :

— Venez ! Un homme veut vous parler…

— Je m'habille.

— Pas la peine, venez comme ça.

C'est en caleçon qu'il accueillit un télégraphiste qui lui tendit une dépêche.

— C'est très intéressant, dit-il, j'ai tenu à vous l'apporter moi-même.

— Mais quoi ?

Nansen ouvrit le télégramme les doigts tremblants : « *Fram* arrivé en parfait état. Partons pour Tromsø. Sverdrup. »

Voilà. L'expédition était terminée.

Le voyage le long de la côte de Norvège fut une marche triomphale. Tout le monde connaissait Nansen, tout le monde se réjouissait qu'il revienne, il était un mythe, comme s'il était allé jusqu'à Náströnd, le rivage des morts, et en était revenu vivant. Le 9 septembre, le *Fram* entra dans le port de Christiania escorté de navires de guerre, on acclamait le bateau, on acclama Nansen quand il apparut, une foule compacte était venue assister à son arrivée. Il était le héros, il était la Norvège, le canon tonna et le drapeau norvégien flottait partout, il traversa la ville encombrée d'une foule immense pour être reçu par le roi Oskar, ils passèrent sous un arc de triomphe formé de deux cents gymnastes grimpés les uns sur les autres.

On a oublié cette forme d'enthousiasme. Les derniers explorateurs ainsi fêtés dans la rue furent sans doute Gagarine, et après lui les astronautes qui avaient marché sur la Lune. Depuis, c'est plus discret, on ne sort plus dans la rue pour acclamer les héros, sauf les équipes de foot qui passent en bus quand elles rapportent la coupe du monde. Mais l'exploit est plus banal et l'admiration moins profonde, il se renouvelle régulièrement.

De toute façon, Nansen était déjà ailleurs, en traversant la foule… Il hallucinait la silhouette de la femme aimée se détachant sur les lueurs du couchant. C'est ce qu'il écrit. Il était parti trois ans.

***

À plus ou moins cent ans, madame Abkarian a toute sa tête, mais ne croyez pas que tout soit si facile, elle n'a pas toute sa voix. Elle chevrote, elle s'interrompt, reprend son souffle, cela nécessite de la patience et de l'attention pour saisir ses paroles. Quand je les transcris en effaçant les hésitations et les bruits, en raboutant les fragments brisés par sa respiration irrégulière, ce qu'elle dit apparaît clairement, gravé dans le marbre impeccable de la raison, c'est le miracle de l'écrit qui a lieu encore une fois, qui transforme des petits papiers déchirés en phrases qui se tiennent et signifient. C'est le travail que je fais.

Elle ne savait pas grand-chose de Nansen au fond, quelques détails insignifiants, et puis des intérêts de midinette, la liste de ses femmes connues, dont elle se demandait longuement pour chacune ce qui en elle l'avait attiré. Elle en tirait des conclusions de salon de coiffure sur les goûts étranges de cet homme si beau, qui s'empêtrait dans des relations avec des femmes fortes, elle employait cette expression entre des guillemets que je croyais entendre, et qui finalement signifiait plutôt mûres et rudes, dans les bras desquelles le grand Viking perdait son regard buté, sa taille et sa largeur d'épaules pour redevenir un petit garçon blond, blotti dans sa cabane. Elle riait elle-même de ses conclusions romanesques, d'un rire comme une petite toux qui ne s'arrêtait pas, jusqu'à ce que l'on craigne pour ses poumons. Romanesque, c'est elle qui avait employé le mot, et je ne suis pas sûr que dans sa bouche il ait la même grandeur que dans mon esprit.

— Et Eva, qu'il a beaucoup laissée seule, assez maltraitée au fond, il en dit qu'elle lui apportait la santé, la paix et la sécurité ; ce qui vaut plus pour une cabane que pour un amour. Enfin il me semble.

— Vous avez été mariée, Madame Abkarian ?

— Non. Jamais. Tu vois bien que je porte toujours le nom de mon père. Mais je n'ai pas manqué de soupirants…

Elle sourit, plissant toutes les rides autour de ses yeux, mais cela ne lui donne pas l'air rêveur, plutôt l'air taquin.

— Et ?

— Rien.

— Ah…

— Mais, tu sais, ce n'est pas si mal d'avoir gardé le nom de mon père. C'est la seule chose qui me reste de là-bas, du pays d'avant qui n'existe plus, aucun objet et presque aucun souvenir, seulement le nom que mon père m'a donné, c'est tout. Si je le perdais, il ne resterait rien, aucune trace. Quand tu es exilé, c'est-à-dire en fuite, il ne te reste pas grand-chose. C'est pourquoi je garde *lépapié*, parce que c'est la clé qui nous a permis de sortir de ce pays infernal ; et puis c'est pour ça que je te le montre, tu en feras bien quelque chose.

— Oui, j'essaie d'en faire quelque chose.

***

Dès son retour, l'Europe entière trembla d'un tumulte d'applaudissements, en Angleterre, en France, en Autriche et en Allemagne, où un journaliste célébra le romantisme tragique de ce voyage, ce qui est sans doute un peu exagéré, mais très allemand. À aucun moment, on ne fit remarquer que le but, le pôle, n'avait pas été atteint. On célébrait Otto Sverdrup, le capitaine, Fridtjof Nansen et Hjalmar Johansen, les ermites de la nuit polaire, les autres moins. Le roi les décora de l'ordre de Saint-Olaf en soupirant que ça allait encore encourager la mégalomanie norvégienne. Pour reprendre la main, il comptait sur l'expédition d'Andrée qui se préparait à se rendre tout tranquillement au pôle Nord en ballon à hydrogène, évitant la pénible progression sur la glace.

Les retrouvailles avec Eva furent enthousiastes, et puis la vie reprit son cours. Nansen reçut un à-valoir considérable d'un journal anglais pour le récit de son voyage et il s'installa dans son bureau. « Il est plus facile de préparer une expédition que d'en faire un bon livre », dit-il en soupirant probablement. De voir revenir un mari aussitôt taciturne et reclus ne convenait pas du tout à Eva ; elle le fit savoir, Nansen s'en plaignit. « Tu me vois travailler dur, mais c'est la seule façon pour que tout soit fait. Et tu ne fais pas d'effort particulier pour m'aider. » Mais, dans un éclair de lucidité, il se mit un instant à sa place : « Tu m'as parlé de chanter, de tout ce que tu as fait pendant que je n'étais pas là. D'une certaine façon, c'était une bonne chose pour toi que je sois parti. Tu pouvais te consacrer à ton art. Je comprends que tu appréhendes que tout ça prenne fin maintenant que je suis rentré à la maison. »

En décembre, il avait achevé un gros livre : *Farthest North*, « le plus loin au Nord », car au moment où il l'écrivait, il était en effet l'homme qui était allé le plus au nord de toute l'histoire de l'humanité ; Johansen aussi, mais avec quelques mètres de moins. Et puis, c'est lui qui écrivait.

Il se servit des notes prises dans son journal, ajouta quelques considérations philosophiques et poétiques, coupa les répétitions, les passages trop intimes ou trop psychologiques, et tout ce qui pouvait évoquer les tensions à bord du *Fram*. Peut-être ne les avait-il pas senties, d'ailleurs. Le livre fut publié en norvégien et en anglais pour presque un million d'euros actuels, le quart de ce qu'avait touché Stanley pour son récit, *In the Darkest Africa*, mais plus que tout autre explorateur polaire. Le succès fut colossal : on lui écrivit de partout, on le félicita, on l'admira. Le prince Kropotkine, anarchiste russe en exil, écrivit dans la presse que Nansen et Johansen étaient les vrais héros du siècle ; Edward Whymper, vainqueur du Matterhorn[7], écrivit que des hommes comme eux, il y en avait un par million ; Jules Verne lui écrivit directement : « Aux héros du pôle Nord qui, au risque de leur vie, par des efforts surhumains, ont réalisé les rêves des explorateurs français », ce qui est *fair-play* dans l'ambiance nationaliste des exploits de voyage en ce siècle.

Ce qu'il y avait de neuf, dans le récit de Nansen, c'était que l'expédition s'était faite sans pertes ni martyrs, et qu'il discréditait par l'exemple les grandes expéditions catastrophiques qui l'avaient précédée, montrant ce que pouvait un petit groupe d'hommes soudés et motivés. Le nom de Nansen était partout, et le grand public se prit d'un intérêt fébrile pour les explorations arctiques, délaissant les aventures africaines pour lesquelles il se passionnait jusque-là. Peut-être qu'en devenant commerciale et militaire, dix ans après le partage de Berlin[8], l'Afrique passionnait moins.

En février 1897, il partit avec Eva pour une tournée de conférences en Angleterre. À l'Albert Hall, devant une foule immense, il reçut la médaille d'or de la Royal Geographic Society, Sverdrup et Colin Archer, l'architecte naval, reçurent une médaille d'argent – et les autres du bronze. Il fera quarante et une conférences en quarante-deux jours, ce qui à la fois l'ennuya et l'épuisa. Il plongea de nouveau dans ses phases de dépression qui alternaient avec des phases d'excitation maniaque. Mais, en public, il gardait son masque impassible de héros norvégien, et à part quelques observateurs très

7. Nom allemand du mont Cervin.

8. Traité de 1885 qui entérina le partage de l'Afrique entre les puissances coloniales.

perspicaces, l'auditoire prit tout ce qu'il dit, son impeccable légende toute de raison et de maîtrise, pour argent comptant.

En avril, ils furent à Paris. « Nansen est d'une race différente, écrivit-on dans la presse, il accomplit en action ce que nous Français accomplissons en mots. Nous voyageons avec les livres de Jules Verne, nous apprenons l'histoire par les romans de Dumas, et quand un jour on se trouve devant Nansen, c'est comme si nous croisions le capitaine Nemo ou d'Artagnan dans la rue. »

Paris oblige, on fit davantage de place à Eva, on lui offrit même la possibilité de donner un récital en compagnie des chanteurs de l'Opéra. On connaissait Ibsen, on découvrit Nansen, la Norvège devint en vogue. Ce fut ensuite Berlin, et puis Stockholm. Là, il rencontra Salomon Andrée qui se préparait à s'envoler pour le pôle. La rencontre fut froide, Andrée demanda quelques renseignements tirés des observations météorologiques du *Fram*. Nansen répondit de façon alambiquée en citant *Macbeth*. « J'ose faire tout ce qui fait devenir un homme, qui ose plus n'est rien. C'est en trouvant cette limite que la force d'esprit est révélée. » « Je suis davantage tenté de prendre l'autre voie », répondit Andrée de façon tout aussi elliptique, mais sous les politesses cultivées, c'était une sourde rivalité qui s'exprimait.

Le 11 juillet, Andrée s'envola avec deux compagnons. Le 15 juillet, un navire norvégien en pleine mer abattit un pigeon – c'est une manie, de tirer sur les oiseaux, dans la marine norvégienne… mais celui-là portait un message d'Andrée qui fut envoyé au journal suédois à qui il était destiné. Le contenu fut publié le 19 septembre. Le message était daté du 13 juillet, deux jours après le départ, à la latitude de 82° 2'. En deux jours,

Andrée et son équipage avaient parcouru plus de chemin vers le pôle que le *Fram* en huit mois.

Mais ensuite plus personne ne les revit vivants.

On ne retrouva leurs corps qu'en 1930, sur l'île de Kvitøya au large du Svalbard. Le ballon avait volé deux jours avant de s'aplatir au sol, vidé ; son enveloppe de caoutchouc fuyait, il perdait son hydrogène sans recours. Échoués sur la banquise, ils voulurent atteindre à pied l'archipel François-Joseph, mais la dérive des glaces les en empêchait, les repoussant au sud-ouest à chaque pas qu'ils faisaient vers l'est. Début septembre, ils construisirent une hutte de glace sur un morceau de banquise pour passer l'hiver, le pack se fissura jusque sous l'abri, les obligeant à aborder sur l'île de Kvitøya, où ils moururent d'on ne sait exactement quoi, on pensa à la trichinose, due à la consommation de viande d'ours mal cuite. Le journal d'Andrée s'arrêtait là.

Il y a dans cette expédition malheureuse une symétrie maléfique avec celle de Nansen, et l'on pourrait croire que son elliptique citation de *Macbeth* avait suivi son rival comme une malédiction. Croire en une technologie qui épargne l'effort, mal s'y préparer, aller à pied dans le mauvais sens, mal établir sa cabane, mal cuire sa viande d'ours, mourir. Reflet raté en tout point : échouer.

À la mi-septembre 1897, Eva donna naissance à un petit garçon ; début octobre, Fridtjof fila en Amérique donner un cycle de conférences. C'est répétitif chez lui : des enfants lui naissent et il ne reste pas, il court aussitôt au plus loin et ne les regarde pas grandir. À distance, il pensait beaucoup à eux. On se souvient qu'il gardait de son enfance un sentiment de grande solitude, bien qu'il ait été entouré de demi-frères, de demi-sœurs, d'un frère et de parents. Peut-être que d'enfant, il n'en faut qu'un, et ce sera lui, Fridtjof, maître de ses pensées et de ses gestes ; mais la contrepartie d'être unique, c'est la solitude, et de n'être jamais tout à fait sûr de son existence.

J'exagère ? Pourquoi ? Rien n'est lisse chez Nansen, rien n'est comme il veut le montrer, il est comme la banquise, blanche et uniforme vue de loin, chaotique et infranchissable dès qu'on y pose le pied ; dessous est un océan profond dont les courants la fissurent, la froissent, la brisent, tout en la laissant toute blanche, apparemment innocente quand elle est un violent chaos à peine maîtrisé par le gel.

J'exagère ? Allons, même Freud s'en mêla. Pendant l'été 1898, le psychanalyste en vacances écrivit une lettre à son ami Wilhelm Fliess. Il était en train d'élaborer *L'Interprétation des rêves*, qu'il publierait l'année suivante. Dans sa lettre, il mêlait anecdotes de vacances et réflexions sur son travail, parce que c'était Fliess, son ami, son collaborateur, son alter ego ; il lui racontait tout. « J'ai aussi parcouru Nansen dont toute ma maisonnée s'enthousiasme bruyamment. Martha à cause des Scandinaves (grand-mère qui séjourne actuellement chez nous parle encore le suédois) [...], Mathilde qui est en train de transférer son amour du héros grec au Viking, et Martin, qui, comme d'habitude, réagit par une poésie – pas mauvaise – aux trois volumes d'aventures. » Le livre de Nansen avait un succès public extraordinaire, on le lisait comme un roman tragique, mais vrai, d'autant plus que la traduction allemande, *In Nacht und Eis*, c'est-à-dire *Dans la nuit et la glace*, fait frémir avant même de l'ouvrir.

Freud continuait : « J'utiliserais très bien les rêves de Nansen, ils sont tout à fait transparents. » On sursaute à cette remarque bien étrange, car on ne se souvient pas que Nansen ait raconté ses rêves, ni même qu'il ait pu en faire, étendu sur sa planche à clous frigorifique, ne sachant plus si c'était la nuit ou le jour, en fait toujours la nuit, essayant de dormir en attendant que le temps passe. Non, finalement, c'est un rêve de lui-même dont Freud parle, qu'il avait fait après avoir lu le récit de Nansen : il rêva qu'il appliquait dans le désert glacé un traitement électrique à l'explorateur, pour essayer de le guérir d'une sciatique dont il se plaignait. Ça alors ! Nansen entrait dans le psychisme de Freud, et semblait vouloir lui dire quelque chose, et Freud tentait de le soigner, de soigner le héros avec des méthodes qu'ils avaient en commun, car Freud, lui aussi, avait commencé par étudier la structure du système nerveux, qu'ils pensaient tous les deux sur le modèle du circuit électrique. Nansen était partout en cette fin de siècle, même dans l'inconscient de l'inventeur de l'inconscient.

Dans sa lettre à Fliess, Freud poursuivait : « Mes propres expériences m'ont enseigné qu'il est passé par l'état psychique ordinaire de celui qui ose quelque chose de nouveau, qui doit faire appel à la confiance et qui probablement va, par une voie fausse, découvrir des choses nouvelles, mais pas autant qu'il se l'était figuré. Je connais cet état pour l'avoir éprouvé. »

Il s'identifie au héros parce que, quand on rêve, c'est toujours de soi qu'il s'agit ; il avait confusément identifié pendant sa lecture des rapports étroits entre eux deux. Et puis Freud retrouva une histoire de son enfance. Il avait trois ou quatre ans quand il entendit les grandes personnes parler de voyages et de découvertes ; il demanda ensuite à son père si cette maladie était dangereuse. Il avait confondu voyages (*Reisen*) avec douleurs (*Reissen*). Les railleries de ses frère et sœurs l'empêchèrent d'oublier la confusion qu'il avait ressentie à s'être trompé. Cette méprise était sans doute liée aux préparatifs du grand voyage (*Reisen*) dont ses parents parlaient devant lui, un déménagement hors de la ville de son enfance pour s'établir ailleurs, et aux souffrances (*Reissen*) que cette perspective éveillait chez l'enfant du fait des séparations à venir. Le « désert glacé » du rêve, le *Nacht und Eis* du titre, figurait parfaitement l'angoisse de la séparation et de la perte de l'objet.

C'était bien freudien, tout ça, mais, fin lecteur, il avait identifié dans le récit, pourtant très lisse, les angoisses qui agitaient le héros polaire que toute l'Europe célébrait, et ces angoisses étaient le miroir des siennes, lui qui était en train de trouver une voie vers le tréfonds du psychisme, ce gouffre des âmes que Nansen pressentait, mais ne voulait pas vraiment voir. Dans une lettre à Fliess du 15 octobre suivant, il écrit : « J'ai trouvé en moi comme partout ailleurs des sentiments d'amour envers ma mère et de jalousie envers mon père, sentiments qui sont, je pense, communs à tous les jeunes enfants [...] ; s'il en est ainsi [...] on comprend l'effet saisissant d'Œdipe roi. » Sans épiloguer de façon pesante, on pourrait dire que ça convenait bien à notre grand Viking. À cette date, Nansen était sur le bateau pour l'Amérique, s'éloignant à chaque tour d'hélice de son fils nouveau-né.

Dès qu'il eut quitté la Norvège, les tensions avec Eva reprirent, par écrit, par câble télégraphique, par lettres qui mettaient quinze jours à traverser l'Atlantique, ce qui permettait à leur dispute de bien durer tout le temps du voyage. En lisant leurs échanges, on est surpris de leur lucidité ;

ils ne se parlaient jamais si bien que lorsqu'ils étaient loin, l'écrit avait pour eux une puissance analytique, cela saute aux yeux du lecteur qui entre avec stupeur dans leur intimité.

« On me dit que tu vas en Amérique lever des fonds pour partir au pôle Sud… est-ce vrai ? Je comprends qu'un homme comme toi ne puisse rester tranquille tant qu'il n'a pas accompli ce dont il se sent la force et la capacité de faire… alors tu ne dois pas me laisser te barrer la route… »

Nansen répondait en éludant, racontait son voyage, ses rencontres, parlait d'un certain professeur Marsh du Connecticut qui lui avait dit son admiration d'avoir ainsi trouvé un grand but dans la vie. « Mais je n'en suis pas sûr, commentait Nansen, je crois que ce n'est pas nous qui déterminons notre propre destin. »

« Mais c'est horrible, rétorqua aussitôt Eva par le courrier du retour. Tu veux dire que si ton destin est d'aller au pôle Sud, tu dois y aller ? »

Et puis Dagmar était revenue, l'autre femme, celle d'avant Eva, belle, brillante, le « Trésor ».

« Toi et moi, nous allons divorcer, parce que tu es tellement amoureux du Trésor que nous ne pouvons le supporter plus longtemps, et en plus on vous a vus tous les deux ensemble. »

« Nous sommes vraiment faits l'un pour l'autre, et pour nous détruire l'un l'autre », soupirait Nansen dans son journal.

Les courriers reprenaient : « Tu n'as jamais été franc avec moi, tu ne m'as jamais laissée voir qui tu étais vraiment. Mais c'est ma faute aussi, mes demandes déraisonnables, mon égotisme aigu… Quel mauvais génie est venu se placer entre nous ? »

Pour Nansen, le mauvais génie apparaît d'une blondeur innocente, c'est Liv, la petite fille qu'ils ont eue avant que parte le *Fram*. « Quand j'étais loin, je pensais à toi uniquement en tant que toi, pas comme mère… Je ne pensais pas que l'amour maternel, selon les lois de la nature, allait grandir en toi jusqu'à jeter une ombre sur ton amour pour moi… Quand je suis rentré, j'ai trouvé Liv au plus profond de ton cœur, et j'ai trouvé ça difficile à accepter… C'est mon problème dans la vie, je suis incapable de compromis, j'ai toujours exigé tout ou rien. Et je comprends que mes désirs ne sont jamais comblés, et ne peuvent pas l'être. Si tu me montrais de la tendresse et non pas seulement des émotions violentes, ce serait suffisant pour me rendre heureux. C'est de tendresse que j'ai manqué. »

Et il lui proposa de le rejoindre en Amérique, avec ou sans les enfants, mais sur la foi d'un vague avis médical, elle déclina. Il tenta de poursuivre la conversation, assez maladroitement il faut le dire, en expliquant qu'il avait vu Dagmar, que ses anciens sentiments n'étaient pas éteints, mais la voir était une façon d'oublier, et que toute son attention était désormais consacrée à Eva et aux enfants… la réponse vint par câble, cinglante : « Tu m'aimes, ou le Trésor ? Vie dépend de la réponse. » Rien n'allait dans sa vie, et pourtant il était le héros du temps, on s'arrachait son livre, on se précipitait à ses conférences.

Il s'étonnait toujours d'entendre les gens lui dire qu'ils avaient pris un grand plaisir à le lire, il rencontra même une femme qui lui raconta que ce livre avait été important dans une période difficile de sa vie : son mari s'était suicidé, elle était elle-même au bord du gouffre, sa lecture l'avait sauvée. Mais qu'est-ce qu'ils trouvaient, les gens, dans ce livre ? La survie, le triomphe de la volonté ? La longue patience dans la cabane gelée, jusqu'à ce que tout s'arrange ? Il ne le comprenait pas lui-même et trouvait assez triste d'être ainsi capable d'aider les gens sans savoir pourquoi, et d'être si impuissant pour soi-même.

Et il eut une étrange vision, comme un rêve : deux formes féminines dans le noir qu'il ne pouvait distinguer l'une de l'autre, et qui le regardaient d'un air de reproche. Il les aimait toutes les deux, chacune à sa façon, et il aurait donné sa vie pour qu'elles ne soient pas malheureuses. Il ne détaille pas les circonstances, il ne précise pas qui c'est. Si le bon docteur Freud avait eu accès au journal de Nansen, celui-ci aurait eu une place encore plus grande dans son *Interprétation des rêves*.

Rentrant d'Amérique sans passer par la Norvège, il organisa d'autres conférences en Europe. En Angleterre, il se réconcilia avec Jackson, qui lui reprochait d'avoir pris toute la lumière, ne lui laissant plus d'autre place dans l'Histoire que d'être celui qui avait sauvé Nansen. À Saint-Pétersbourg, il rencontra le tsar Nicolas II, et à Vienne le vieil empereur François-Joseph qui le questionna longuement sur cet archipel qui portait son nom. Il fut accueilli par la fédération autrichienne de ski, toute récente, dont il était sans le savoir le prophète. Car c'est après ses écrits sur le ski et sa traversée du Groenland que les premiers skis norvégiens furent exportés, justement en Autriche.

Puis il rentra.

En janvier 1899, il reçut Louis-Amédée de Savoie, duc des Abruzzes, membre de la famille royale italienne. Le jeune homme élégant était un sportif, aventurier, alpiniste jusqu'en Alaska, il avait lu *Farthest North*. Trois jours après la rencontre, il acheta le *Jason*, le navire qui avait emmené Nansen au Groenland, le rééquipa, le rebaptisa *Stella Polare*, et en juin il partit pour l'archipel François-Joseph.

Pendant l'été 1900, Eva donna naissance à une fille ; Nansen, à son habitude en ces circonstances, partit aux alentours de l'île Jan Mayen à bord d'un navire océanographique norvégien, le *Michael Sars*, baptisé en hommage au père d'Eva. Il était emberlificoté dans un réseau de signes.

Son journal le montre en petite forme : « Je suis fatigué d'éternellement essayer de pénétrer l'inconnu. Homme, pourquoi écris-tu ? N'as-tu rien de mieux à faire ? Est-ce pour préserver tes grandes pensées et tes humeurs malades pour la postérité ? Le grand vide m'enveloppe de nouveau. La lutte pour rien, dans rien, à propos de rien. »

Il rentra enfin à la maison, où il note pourtant : « Au rez-de-chaussée Eva chante au piano, quels beaux sons... une nouvelle petite créature est dans le berceau... ah, la vie est belle ! »

Début septembre, il reçut un télégramme de Louis-Amédée : « *Stella Polare* arrivé. Expédition atteint 86°33'. »

Voilà, il n'était plus l'homme le plus au nord, dépassé d'une trentaine de kilomètres par l'expédition d'un beau prince élégant et aventureux. En cette année 1900, il atteignait la quarantaine et renonça aux pôles.

Il avait perdu un rôle, il en chercha un autre.

Louis-Amédée avait fait un livre de son aventure, mais littérairement un peu plat, il n'avait pas eu le succès de *Farthest North*/*Vers le pôle*/*In Nacht und Eis*. Et l'aventurier italien repartit vers d'autres horizons, il alla escalader les monts d'Afrique, un prince de sang n'a pas besoin de notoriété, seulement d'aventures. Grâce à l'aura d'un livre, Nansen était toujours l'homme du pôle. La visite à Christiania était le préliminaire à toute expédition. On venait le voir, demander conseil, quémander une discrète bénédiction. Sans l'avoir jamais aperçu, il continuait à penser au pôle, à y travailler. Il chercha à expliquer la raison pour laquelle la dérive ne l'avait pas emmené là où il voulait. La glace sur laquelle le *Fram* était posé ne suivait pas la direction du vent, mais en divergeait d'un certain angle. Et enfin, il comprit : c'était à cause de la rotation de la Terre, un effet de la force de Coriolis qui a tendance à dévier tout mouvement à la surface de la Terre puisque celle-ci est en rotation. Elle agit sur les vents, ça explique le tournoiement des alizés atlantiques, en sens inverse dans chacun des hémisphères, et ça explique aussi cette dérive de biais de la banquise. Collaborant avec Walfrid Ekman, un physicien suédois, il élabora un modèle mathématique qui rendait compte de la résultante de ces forces diverses qui s'appliquaient sur l'eau : ce sera la spirale de Nansen-Ekman. Ce phénomène qui l'avait trahi porte désormais son nom, revanche de l'esprit humain sur les forces de la nature.

En décembre 1900, les Nansen eurent un quatrième enfant.

Il se fit bâtir une maison, plus grande, plus somptueuse. Il y avait une entrée monumentale, un grand escalier, une tour. En 1902, elle fut inaugurée par un bal masqué de deux cents invités, chacun annoncé par une sonnerie de trompette. Balançant chaussures et chaussettes, remontant son pantalon, Nansen dansa jambes nues, dépassant la foule d'une tête. « Mon consort peut être sauvage, parfois », écrivit Eva rêveusement à une amie.

Ce manoir, il l'appela « Les Hauteurs polaires ».

Eva s'y retrouvait face à un mari sujet à des sautes d'humeur, qui allait s'enfermer dans sa tour pour interminablement travailler. Toute la maisonnée guettait les signes, et quand il chantonnait une certaine mélodie, on savait que tout allait bien, écrira sa fille. Nansen imposait à ses enfants un régime spartiate, encore chaque jour cet insipide gruau d'avoine, il avait recours à des châtiments corporels si nécessaires, et interdisait à Eva de leur montrer trop d'affection, ce qui risquerait d'affaiblir leur caractère. Dans le manoir cafardeux, entre les arbres, les tensions montaient. Les finances n'allaient pas fort. Mais, quand il descendait de sa tour, Fridjtof voulait du monde, de la réception, de la fête. Ses enfants remarquaient la différence entre la vie quotidienne économe, voire radine, et les brusques dépenses des invitations fastueuses. Les Nansen recevaient artistes et intellectuels. Dans ce cercle, on puisait dans les racines nordiques, on développait la conscience nationale, et la belle apparence viking de Nansen y jouait son rôle. Quand le dessinateur Erik Werenskiold réalisa une édition illustrée des anciennes sagas, il prit Nansen comme modèle des héros nordiques, il y était très reconnaissable. Nansen était partout, il était le totem de cette petite nation en ébullition nationaliste.

« Un but ! Grand ou petit, mais un but où toutes mes forces pourraient se concentrer. » Ce fut rien moins que l'indépendance de la Norvège. En 1893, il avait déjà écrit dans *The Times* que l'union suédo-norvégienne était une source constante de mécontentement, qu'elle blessait chaque Norvégien qui sentait battre en sa poitrine le sens de l'honneur. Ce qui heurta le roi Oskar, et lui fit regretter d'avoir participé au financement du *Fram*. Et pourtant l'autonomie de la Norvège était presque totale, elle avait même une armée et une marine, seules les affaires étrangères étaient du ressort de la Suède. Mais c'était cela qui avait déclenché une crise en 1892 :

les marins norvégiens souhaitaient un réseau consulaire indépendant dans les ports où ils relâchaient, ce que refusa la Suède. La crise avait poussé Nansen à écrire son article, profitant de son aura internationale pour faire connaître ce désir d'indépendance à toute l'Europe. Mais, en Europe, personne ne tenait à la séparation d'un couple plutôt paisible : dans les empires cosmopolites qui couvraient le continent, on ne voulait pas d'un précédent.

En 1903, il fit un discours à la semaine des sports d'hiver de Christiania, en tant que promoteur du ski, « le plus national de tous les sports norvégiens... ». Ce devait être un éloge du sport, ça tourna au discours nationaliste, il s'investissait de plus en plus dans cette lutte. On aurait bien vu Nansen Premier ministre, voire Président si la Norvège se choisissait un régime républicain, mais en 1900, à part la France et la Suisse, toute l'Europe était monarchique. Les Norvégiens, soucieux de prendre leur indépendance sur la pointe des pieds, sans conflit ni tension, décidèrent de ne rien changer. Le trône fut proposé au prince Charles de Danemark. Il y avait toutes sortes d'arguments dynastiques et matrimoniaux pour en faire un roi de Norvège légitime. Il accepta, choisissant le nom de règne de Haakon VII, rebaptisant du même coup son fils Olaf.

Fin octobre, la Norvège fut reconnue comme État indépendant par les puissances européennes. À la mi-novembre, le référendum légitima la nouvelle monarchie norvégienne par 80 % des voix. Le 25 novembre enfin, le nouveau roi et les siens arrivèrent à Christiania à bord du yacht de la famille royale du Danemark, et c'est Nansen qui l'accueillit sur le quai et l'accompagna au palais.

Voilà. Il s'était investi, sa cause avait triomphé. Et maintenant ?

Johansen fit appel à lui pour des problèmes financiers. Il avait réintégré l'armée comme lieutenant, il s'était marié, avait eu trois enfants, il avait été promu capitaine et était en garnison à Tromsø. Il ne supportait pas la routine de la vie militaire, il s'ennuyait, ne s'en sortait pas financièrement, buvait et avait des dettes. Il écrivait souvent à Nansen pour qu'il le sauve, presque tous les ans, et chaque fois Nansen l'aidait. Il aidait les autres aussi, qui furent tous à un moment ou un autre dans le besoin. Nansen restait fidèle à ceux qui l'avaient suivi, ou porté. Avec Johansen, c'était grave. En expédition, il était sobre et de confiance, mais, une fois à terre, il dérivait dans l'alcool. « La vie réelle n'est pas aussi formidable que je l'imaginais durant notre périple », écrivit-il. Il pensait aux rêveries de retour qu'ils faisaient blottis l'un contre l'autre dans leur cabane puante et glacée. Il participa à d'autres expéditions, passa deux ans au Svalbard, mais dès qu'il revenait, il sombrait de nouveau dans l'alcool. Nansen le réconfortait d'un peu d'argent et de lettres amicales.

Le 21 mars 1906, il rejoignit Londres comme ambassadeur. C'est le roi Édouard VII qui l'avait expressément demandé, et il accepta avec empressement. La toute nouvelle Norvège n'avait pas de corps diplomatique, on y employait comme ambassadeurs des personnalités dont on pensait qu'elles feraient l'affaire. La presse sans imagination le surnomma « le ministre du pôle Nord ». *Le Temps* écrivit : « Très grand, les épaules larges, avec une attitude énergique et une grosse moustache blonde que l'approche de la cinquantaine a marquée d'un peu de gris : le docteur Nansen fait une certaine impression. Derrière le diplomate, on sent l'explorateur qui a risqué sa vie des centaines de fois pour la gloire de son pays au bénéfice de la science. Il a quitté la banquise instable pour rejoindre le terrain encore plus instable des négociations difficiles. » On notera l'amplification épique, risquer sa vie des centaines de fois, c'est beaucoup pour seulement deux expéditions, mais quand un livre comme *Farthest North* soutient la légende, on se souvient de la légende.

Quelque temps auparavant, en Norvège, il avait fait la connaissance de Sigrun Munthe. Chacun se promenait à cheval de son côté, ils se croisèrent, ce fut, semble-t-il, foudroyant. Elle était la femme d'un peintre de vingt ans son aîné, qui l'avait rencontrée et peinte à dix-sept ans puis épousée. La belle amazone écrivit aussitôt à Nansen : « Je ne suis pas comme ces autres scalps que tu as accrochés à ta ceinture. » Elle exigea qu'il quitte sa femme, sa famille, qu'il vive avec elle officiellement, sinon elle se suicidait. Il n'osa rien dire à Eva. La nomination à Londres le sauva, il s'en alla et de loin écrivait des lettres enflammées à Eva qui, toute revigorée de cet amour, répondait : « Je me préoccupe plus de toi que des enfants. Mon Dieu, c'est difficile à admettre, mais c'est comme ça… »

À Londres, il rencontra une autre femme. Cela dura un été.

Dans son journal, il soupirait : être ambassadeur lui paraissait futile. « Comment c'est arrivé ? C'était seulement pour servir mon pays… Pourquoi la vie est-elle si lugubre ? Peut-être parce que je ne fais rien qui laisse une trace, qui soit une borne… »

Eva, de nouveau enceinte, entendait par des ragots que son mari était poursuivi par les dames de la haute société.

Il fréquentait des duchesses, il était invité à Balmoral. Sans doute était-il allé chasser la grouse avec Édouard VII.

Il fit un discours à l'University College de Londres, devant les étudiants, intitulé « Science et but de la vie ». « La vie est devenue trop compliquée. Nous n'avons pas été capables de suivre le développement matériel, qui est allé si vite que notre cerveau n'a pas eu le temps de s'y adapter. Il faut laisser libre cours autant que possible au désir de tout faire. Mélancolie et pessimisme, qui sont des pensées si attirantes, sont des péchés s'ils mènent à l'inactivité. Jamais, quand il y a le choix, faire quelque chose que quelqu'un d'autre fera aussi bien ou mieux. Combien de vies gâchées seraient ainsi sauvées ! Si chaque individu pouvait trouver sa propre voie… »

On a l'impression d'entendre le combat intérieur de Nansen exprimé de façon posée, il dit tout haut les conseils qu'il se donne à lui-même pour ne pas être englouti dans ses propres profondeurs mélancoliques.

Eva tomba malade des bronches, elle ne quittait pas le lit, toussait et souffrait de fortes douleurs qui n'étaient soulagées que par la morphine. Ce fut son médecin qui l'apprit à Nansen : « Elle m'a demandé de vous écrire, elle n'en a pas la force. » Il lui répondit par des lettres pleines d'anecdotes piquantes sur la vie de la Cour à Londres. « Ne va pas tomber amoureux de la reine, répondait-elle. Je ne suis pas jalouse mais consciente des dangers dans de telles circonstances. Badine tant que tu veux, mais ne va pas trop loin. »

En novembre, elle allait mieux, mais était toujours au lit. Le 21 novembre, elle écrivit : « Je suis devenue si maigre… mais j'ai le temps de reprendre du poids avant ton arrivée. Je veux que tu sois amoureux de moi comme pendant ces jours lointains et disparus. Je serai jolie pour ton retour. Mais si tu as toujours ce visage froid et impassible, je serai vieille et irritable. »

Nansen envoya un télégramme pour son anniversaire, un peu lapidaire, mais c'est un télégramme. « Bonnes pensées pour toi aujourd'hui. Jours heureux en perspective. Espère que tu vas bien. » Un télégramme du médecin annonça une soudaine détérioration de son état. Et puis un autre annonça qu'elle avait succombé à une pneumonie. Elle avait quarante-neuf ans.

Il rentra. Il resta au lit, comme mort. Il demeura des jours entiers en silence, immobile dans une pièce. Ses enfants avaient peur de l'approcher. Il faudra des semaines pour qu'il écrive de nouveau quelque chose dans son journal. Il était arrivé trop tard, tout était perdu. « La vie ? Un somnambulisme confus. » La vie était devenue comme le rêve qu'il avait fait sur le *Fram* : il rentrait et Eva était morte, et dans son rêve il portait l'atroce culpabilité d'être parti et de l'avoir laissée. Voilà, c'était là.

Il resta avec ses cinq enfants dans la maison qui maintenant lui paraissait vide. Le dernier, Asmund, né et grandi pendant l'absence de son père, était mentalement retardé ; il sera toujours plein de gentillesse pour lui, mais traitera les autres durement, par principe. « C'est une bonne chose d'avoir des enfants bien élevés. Mais ce n'est pas suffisant, il est important de développer leur caractère par une éducation sévère. Moi-même je suis de nature faible, et le caractère que j'ai, je le dois à une stricte éducation pendant l'enfance. »

Ces principes d'éducation, il en faisait une vision du monde, un mode d'organisation souhaitable de la société. Sans avoir de pensée politique très précise – il se contentait dans ce domaine d'agir par son entregent et sa célébrité –, il professait des idées assez brutales qu'il enracinait dans une certaine idée de la nature et dans le darwinisme social qui, à l'époque, faisait figure de pensée rationnelle et décomplexée pour les esprits libres. Il se déclarait effrayé par la survie du plus inapte, à laquelle menaient les idées de gauche, et aussi par la construction progressive d'un état social. « Le socialisme, c'est porter aux extrêmes le désir de protéger le faible aux dépens du fort. C'est une transgression du principe fondamental du monde vivant. C'est une religion de l'incompétence. La nature et la société exigent que l'incompétence disparaisse. La nature a donné seulement au fort le droit de vivre. » Il mélangeait un peu tout, la nature, la société, la famille, mais c'étaient des pensées courantes à l'époque, des pensées considérées comme modernes, enracinées dans la raison et les sciences, des idées dont les guerres mondiales, on le verra, montreraient l'inhumanité. Nansen était un homme de son temps, et il s'efforçait de lutter contre ce qu'il appelait ses faiblesses, et qui n'étaient que chagrin et mélancolie, luttant chaque jour pour être à la hauteur de lui-même, pour être digne de ce qu'il pensait être.

Pour ses enfants, le meilleur moment, c'était quand ils allaient skier tous ensemble. « Il était différent, note Liv, et nous le laissions partir en tête pour qu'il reste dans cette merveilleuse bonne humeur. »

« Merci pour tout. Objectif atteint. » C'est le télégramme qu'il reçut le 7 mars 1911 de Roald Amundsen qui avait atteint le pôle Sud juste avant Scott. Nansen avait suivi avec ambivalence la course à l'autre pôle de 1911, dont il connaissait bien les deux protagonistes. Amundsen, Norvégien impassible à l'étrange visage étroit de pasteur luthérien, homme de méthode et de peu de mots, était souvent venu à Christiania pour demander des conseils à son aîné. Selon son exemple, il avait opté pour les attelages de chiens et les skis, Nansen lui prêta le *Fram*. Robert Falcon Scott, le Britannique, était aussi venu à Christiania, et lui avait présenté son traîneau à moteur. Nansen ne s'y était guère intéressé, mais à la femme de Scott beaucoup plus. Ce traîneau dénotait un manque de confiance en l'homme, ça manquait de chiens, de skis, d'effort personnel, de sueur ; le principe même lui déplaisait, comme le ballon d'Andrée lui avait déplu. Mais madame Scott était grande, brune, extravagante, artiste, elle sculptait, elle s'appelait Kathleen. Volontaire, voire impérieuse, elle n'avait rien de maternant, elle aimait les héros. Son mariage avec Scott lui paraissait une erreur. Elle faisait peur aux hommes, mais pas à Nansen, qui lui proposa de l'accompagner dans une tournée de conférences en Allemagne pendant que son mari voguait vers le pôle Sud. Elle accepta.

« Je suis redevenu jeune, soudainement et inexplicablement jeune, comme Faust après avoir vu la fontaine de vie. » Inexplicablement ? Voyons, Fridtjof, tu ne vois vraiment pas ?

En Antarctique, c'était la course. Les cinq Norvégiens sélectionnés par Amundsen s'élancèrent à ski le 19 octobre, entraînant leurs attelages de chiens disciplinés. Le 14 décembre, ils atteignirent le pôle, ils revinrent le 25 janvier, sans avoir fait autre chose que courir vers leur but. Il manquait quarante chiens sur la cinquantaine du départ, mais pas un seul homme.

Scott partit le 1er novembre avec une caravane hétéroclite de traîneaux à moteur, de chiens et de poneys sibériens. Le 17 janvier, cinq hommes atteignirent le pôle, il y avait là une tente avec un drapeau norvégien, et à l'intérieur une note.

« Cher capitaine Scott, pouvez-vous faire suivre cette lettre au roi Haakon VII ? Si quelque chose dans cette tente peut vous servir n'hésitez pas. Je vous souhaite un bon retour. Roald Amundsen. » Ce mot peut être lu d'un ton amical et respectueux ; ou bien avec un peu d'ironie pince-sans-rire. On peut imaginer Scott abattu. « Tous les rêves s'en vont. Grands dieux ! Ceci est un endroit horrible. » Il n'avait pas tort. Il fallait faire 1300 kilomètres pour rentrer dans l'automne austral qui venait. « Je crains que le voyage de retour ne soit horriblement fatigant et monotone », dit-il, britannique en toutes circonstances ; il le sera jusqu'au bout. Evans mourut au pied d'un glacier, épuisé. Oates, épuisé aussi, sentant qu'il ne pourra pas plus, sortit de la tente pour aller mourir un peu plus loin et ne pas retarder les autres. « Je vais juste dehors, cela peut prendre un certain temps », dit-il. Les trois survivants furent pris dans une tempête de neige, ils s'enfermèrent dans leur tente pendant que les éléments se déchaînaient autour d'eux. Pendant neuf jours, ils épuisèrent leurs provisions, ils gelèrent, ils moururent. On les retrouva huit mois plus tard, leur corps durci, leurs journaux tenus jusqu'à la fin. La tragédie de Scott, narrée jusqu'au bout avec élégance et courage, gâcha le succès d'Amundsen, moins habile à se raconter. On l'a vu, en ce domaine, le public préfère le tragique. On le trouva même antisportif, ce Norvégien trop organisé, et à la Royal Geographic Society, lors d'une réunion organisée pour célébrer le vainqueur, le président ironique et perfide appela à « trois hourras pour les chiens ». Amundsen, vexé, en démissionna de sa qualité de membre honoraire.

À l'annonce de la victoire d'Amundsen, Nansen écrivit à Kathleen Scott : « Il a bien navigué, mon vieux bateau. Mais tout le long j'ai souhaité que Scott soit le premier. Oui, la vie est très compliquée. » Et à une autre femme il écrivit : « Amundsen n'est-il pas formidable ? N'a-t-il pas été parfait ? » On se perd en conjectures sur cette ambivalence. Il semble blessé par la réussite d'Amundsen qui a pourtant bien suivi ses prescriptions, mais il aurait sincèrement préféré la victoire de Scott, dont il a conquis la femme pendant son absence. Pour lui qui n'a jamais atteint aucun des pôles, peut-être vaut-il mieux que ce soit le cocu qui le dépasse, plutôt qu'un jeune alter ego. Il en conçut un étrange abattement, une dépression spirituelle, précisa-t-il, qui paralysait toute initiative.

En janvier 1913, Johansen se suicida. Il avait trouvé à s'employer chez Amundsen, il avait participé à l'expédition polaire, mais Amundsen ne l'avait pas choisi pour faire partie de l'équipe finale, malgré son expérience et sa capacité à mener les chiens : ils s'étaient engueulés, Johansen s'était emporté, avait remis en cause son autorité, Amundsen l'avait consigné au camp de base. Il n'avait lui non plus jamais rejoint aucun pôle et, une nuit de 1913, il s'était tué.

Nansen tournait en rond dans sa grande maison dont le nom de Bonne Espérance sonnait de façon désagréablement ironique. Il lui fallait un projet, un voyage. Jonas Lied, un homme d'affaires norvégien, vint le voir. Il l'accueillit en dévalant les marches l'escalier trois par trois comme un enfant, s'adressant à lui avec cet accent mélancolique, toujours un peu triste, même quand il était enthousiaste. Lied avait un projet : ouvrir une route commerciale dans l'océan Arctique, partir de Tromsø pour remonter l'Ienisseï jusqu'à Krasnoïarsk en Sibérie, avec pour le premier voyage un cargo de ciment. En s'adressant à Nansen, il avait l'impression de placer son chargement sous la bonne étoile, parce qu'à ses yeux rien de ce à quoi il avait prêté son nom n'avait échoué ; ce qui n'était pas ce que Nansen ruminait dans son journal. Mais il laissa dire et accepta. C'était pour lui l'opportunité de retourner sur les lieux de son voyage avec le *Fram* vingt ans auparavant. Il traversa la Sibérie, peuplée de Samoyèdes et d'exilés politiques, il prit le Transsibérien jusqu'à Vladivostok, puis revint jusqu'à Saint-Pétersbourg par la ligne de l'Amour en cours de construction, un mois de train. De retour, il écrira *À travers la Sibérie, le pays du futur*. Jonas Lied alla l'offrir en 1916 à Nicolas II qui en fut charmé, même si le futur n'allait pour lui pas bien loin, et l'on sait que Lénine en exil à Zurich l'avait emprunté dans une bibliothèque publique. Nansen est dans tous les esprits. Encore.

Pendant la guerre, tout déplacement fut interrompu, il se mit à un roman, qui ne sera jamais fini, jamais publié. On y croise une fille de la campagne violée et tuée par un bohémien errant qui l'enterre dans une tourbière isolée. Et puis un héros sans nom, venu de nulle part, erre dans la montagne norvégienne, blessé par un ours puis soigné par une femme sans nom qui est une vision idéalisée d'Eva. On y lit cette description du personnage principal, *wanderer* mélancolique : « Il était éternellement sur la route, venu d'ailleurs, dans le jeu capricieux de la vie il avait tout essayé, trouvé peu et perdu beaucoup. » Ça sent le miroir et les soupirs.

Nansen était seul dans son château au bord du fjord. Enfermé dans sa tour, il introspectait, il mélancolisait. Son roman, il ne l'acheva pas, mais c'était plus un symptôme qu'une œuvre littéraire. Son ambivalence vis-à-vis des femmes y est frappante ; lui qui avait tant de confidentes féminines, on s'étonne de n'en pas trouver dans ce livre. Les femmes y sont violentées, tuées et enterrées dans une tourbière, comme un sacrifice de l'âge du bronze, de ces temps sauvages dont il avait la nostalgie, ou bien elles le soignent maternellement. D'amour, il n'est pas question, ni même de relation, il mijotait un étrange brouet dans son âme solitaire.

Il s'intéressa à la guerre, spectateur effaré de ce déchaînement où la Norvège ne prit aucune part. Devant l'épreuve collective, il changea. Il publia un article où il affirmait que c'était le devoir des pays neutres de maintenir la continuité d'un monde moral, de le sauver du naufrage où l'entraînait cette déflagration imprévue, dont personne n'avait correctement estimé la puissance de dévastation. Il était loin, le temps des viriles affirmations de darwinisme social, le temps où il en appelait à une éducation spartiate, stricte et sans concession pour bâtir des hommes forts. Ses idées abstraites se brisaient sur ce que l'on découvrait de la guerre comme abattoir aveugle, où toutes les valeurs de rectitude et de force de caractère ne valaient plus rien sous les « orages d'acier ». La survie du plus apte n'a aucun sens quand la guerre industrielle mène à la mort de tous. Et si Ernst Jünger, à la fin de son récit de tranchées, se félicite de l'apparition d'une nouvelle jeunesse forgée par la guerre, Nansen, qui croit aussi à la forge mais artisanale, celle de l'homme face à lui-même, trouve que la dureté de ces temps est simplement une abomination.

En 1918, l'Europe était un cimetière, un champ de ruines, un chaos politique. À Paris, la conférence de la paix réunit les quatre vainqueurs – France, Italie, Royaume-Uni et États-

Unis –, qui discutèrent de l'avenir du continent, excluant l'Allemagne vaincue, l'Autriche-Hongrie disparue, la Russie en pleine guerre civile. Wilson proposa ses quatorze points destinés à arrêter la guerre pour toujours, et dont le quatorzième prévoyait la création d'une « association globale des nations [...] formée par des engagements spécifiques garantissant une indépendance politique et une intégrité territoriale naturelle à tous les pays, grands ou petits ». Ce sera la Société des nations. Ni les vaincus ni les neutres n'eurent droit de regard sur la création de cette société, et les États-Unis n'y participeront pas, le Sénat l'ayant rejetée, mais Nansen en fut, c'était la grande et belle cause qu'il attendait.

Ses deux filles étudiaient aux États-Unis, l'un de ses garçons était bûcheron dans le Nord, l'autre confié à des amis. Le petit faible d'esprit qu'il aimait si tendrement était mort avant l'âge de dix ans. Alors, libre de toute attache, Nansen se présenta en 1919 au colonel House, conseiller de Wilson à la conférence de la paix, avec une introduction de Kathleen Scott, qui avait du charme et des relations. Il voulait être utile, sortir du manoir sans doute, et n'avait guère besoin de lettre d'introduction car son statut de héros le précédait partout, même si le temps des chiens, des hivernages et des hummocks commençait à être un peu loin. Il retrouva Vance McCormick, avec qui en 1917 il avait signé pour le gouvernement norvégien un accord qui exemptait la Norvège du blocus des produits alimentaires que les Américains imposaient à l'Allemagne. Il était maintenant à Paris en charge de l'ARA (American Relief Administration), organisme qui venait en aide aux victimes de guerre.

McCormick voulait utiliser cette administration comme arme diplomatique contre la toute jeune république des soviets qui faisait peur aux puissances européennes. Il y régnait un chaos inquiétant, qui tendait à exporter une révolution à laquelle les populations d'Europe éprouvées par la guerre étaient sensibles. La famine ravageait la Russie, due à des aléas climatiques, mais surtout à la désorganisation de la production et des transports en temps de révolution et de guerre civile. Néanmoins l'armée Rouge se portait bien, résistant avec succès aux Blancs et aux tentatives d'intervention étrangère. McCormick envisageait de proposer un accord : une aide alimentaire contre une trêve, et l'arrêt de l'exportation de la subversion. Il faudrait un neutre pour négocier ça, simplement de l'aide humanitaire au peuple russe sans pour autant reconnaître le gouvernement bolchevique, que l'on espérait voir rapidement s'effondrer de lui-même. Nansen tombait à pic. Norvégien, belle prestance, aura héroïque, rectitude et naïveté politique, il saurait porter un message purement humanitaire. C'était l'homme de la situation. Au nom de Nansen, une lettre fut envoyée aux Alliés, appelant à lutter avant tout contre la famine. Elle fut également envoyée à Lénine, proposant cet accord : trêve contre nourriture. À Sigrun, Nansen écrivit que « la seule politique humaine est de montrer aux bolcheviques qu'il peut y avoir une action humanitaire désintéressée qui prend soin de l'humanité souffrante malgré toutes les politiques ». Quand je parle de naïveté à son égard, c'est ça : croire qu'il est possible de déconnecter humanitaire et politique quand il s'agit de rapports entre États, ces monstres froids.

Français et Anglais ne répondirent pas, refusant d'avoir des contacts directs avec les bolcheviques. Quant à Lénine, ravi, il donna ses instructions au ministre des Affaires étrangères. « Utilisez ceci pour la propagande, cela ne servira à rien d'autre. Soyez très poli avec Nansen, extrêmement insolent avec Wilson, George et Clemenceau, c'est la seule façon de leur parler. Mentionnez la nature humanitaire de la proposition, et complimentez Nansen personnellement, sans lui parler de politique. Bien sûr, il ne s'agit que de politique, car toute guerre et toute trêve sont politiques. Expliquez-le à Nansen comme à une écolière de seize ans, pourquoi une trêve est politique. Nous ne devons pas manquer cette opportunité, de façon que ce soit une bonne propagande. »

Dans la bouche de Lénine, propagande n'est pas un terme dépréciatif : c'est une part essentielle de l'art de la guerre, c'est par elle qu'on gagne, plus que par les armes qui ne sont que les moyens de la puissance ; la propagande *est* la puissance.

Tout fut rapidement abandonné, les États étaient réticents, tant à donner qu'à recevoir, il n'y avait que Nansen qui y croyait. « Le monde civilisé victorieux joue avec ces gens en train de mourir comme avec des pièces d'échecs », écrivit-il scandalisé. Il demanda Kathleen en mariage ; elle refusa. Il épousa Sigrun.

L'engagement de Nansen dans les affaires internationales a quand même reposé sur un malentendu. Il avait beau avoir été diplomate norvégien, c'était un rôle de circonstances, il était surtout le héros polaire, parfaitement incarné, partout connu pour ça. Il en imposait physiquement avec sa carrure et sa haute taille, il ne passait jamais inaperçu, on l'écoutait, mais il était neutre car ressortissant d'un petit pays moral. Dans les assemblées, bureaux, antichambres de la diplomatie internationale, il était bien le seul à croire en l'humanitaire comme cause suffisante, les États ne s'en préoccupaient pas tant que c'était ailleurs, et se trouvaient d'autres chats à fouetter, comme la reconstruction de l'ordre européen, affecté par la disparition de quatre empires. Nansen pouvait servir de paravent ornemental à tout le monde, à l'abri duquel tous pouvaient faire semblant, avec style puisque son regard bleu implacable donnait un grand sérieux à sa simple présence : c'était le genre d'homme que l'on croit, mais cela n'implique pas que l'on fasse. Les puissances épuisées n'avaient pas de buts très clairs, sinon la paix le plus rapidement possible, car leurs populations ne voulaient plus entendre parler de guerre, et la nouvelle Union soviétique alors conquérante était prête à n'importe quel sacrifice pour l'emporter à la fin. La partie était inégale entre le pragmatisme et la vertu, celle-ci ne pesait pas grand-chose, Nansen seul la défendait avec sincérité. Son regard intense n'était pas seulement décoratif, c'était aussi la marque d'une grande puissance de volonté. Skieur habile à éviter les obstacles sans jamais réduire sa vitesse, il parvenait à ses fins car il ne changeait jamais d'idée. Son premier échec diplomatique ne le découragea pas du tout.

En 1920, la Société des nations le contacta pour une nouvelle mission : rapatrier les prisonniers de guerre encore captifs en pays étranger. Il s'agissait surtout de 250 000 Allemands en Russie, de 200 000 Russes en Allemagne. Dans cet état de désorganisation totale qui ravageait les deux empires effondrés, ils étaient coincés. C'est Philip Noel-Baker, jeune membre de la délégation britannique à la conférence de la paix, qui approcha Nansen. Toujours pour les mêmes raisons : neutre, connu pour autre chose que la politique, n'y connaissant d'ailleurs pas grand-chose et ne voulant rien y connaître, et prêt à investir toute sa puissance de travail et d'obstination pour une cause humanitaire. En tant que quaker, Noel-Baker s'était engagé comme ambulancier pendant la Première Guerre mondiale par refus de porter des armes, il était allé au front et avait été décoré pour bravoure. Il avait aussi participé aux Jeux olympiques de 1912, puis à ceux de 1920 où il avait gagné une médaille d'argent au 1 500 mètres. Et puis il skiait dans les Alpes. Avec Nansen, de presque trente ans son aîné, ils s'entendirent aussitôt très bien, morale rectiligne, goût du sport, engagement : ils se reconnurent. Nansen accepta la mission.

Le délégué allemand pour ces négociations nota son humanité et son intégrité : « Tout ce que Nansen dit est dans le but exclusif de soulager l'humanité souffrante. Il est tout simplement incapable de comprendre que qui que ce soit puisse capitaliser politiquement à propos du problème du rapatriement des prisonniers. » Pour Nansen, il y a des choses qui ne se font pas. On ne transige pas avec l'humanité, ce principe fragile dont ses aventures polaires lui avaient permis de sentir, dans sa chair, toute la fragilité. Il avait des idées sociales très conservatrices, mais les gens menacés, on les aide.

Très vite, les prisonniers avaient été libérés, mais le problème était logistique : il fallait les ramener à la maison. Les Allemands étaient quelque part en Sibérie, sans ressources, les transports étaient désorganisés, le pays en guerre, ils ne pouvaient pas revenir. Il fallait des trains, des bateaux, de l'argent pour les financer. Méthodiquement, Nansen négocia, essentiellement avec le pouvoir soviétique, très rétif aux ingérences. Il se rendit à Moscou, où il fut bien reçu pour les raisons déjà évoquées : neutre et politiquement inoffensif. Une noria de trains fut organisée et amena jour après jour les prisonniers libérés en Estonie, d'où ils furent transportés en

Allemagne par des navires de la flotte allemande confisquée par les Alliés. Mais c'était lent : quelques milliers chaque jour par un train quotidien, c'était un énorme tas de sable qu'il fallait déplacer avec une petite truelle, la plupart seraient encore en Sibérie pour l'hiver 1920-1921, sans ressources. Si les prisonniers russes en Allemagne étaient ravitaillés par l'ARA, dans l'Union soviétique méfiante, cela devait passer par une organisation neutre, apolitique. Nansen l'organisa, rassemblant tous les efforts caritatifs dans une *Nansenhilfe*. Le siège était à Berlin, mais pilotée par un groupe de travail basé à Genève, pas loin de la SDN. Cependant, elle n'était pas officiellement sous son autorité. Nourriture, vêtements, médicaments permirent aux prisonniers d'attendre leur tour pendant l'hiver. Pour la première fois, le nom de Nansen servait officiellement à désigner une opération humanitaire, sa célébrité augmenta, s'établissant dans un autre domaine, il devenait un emblème.

L'été 1922, ce fut achevé ; cela avait coûté une dizaine de millions d'euros actuels. Sinon, abandonnés, les prisonniers seraient morts de froid, de faim, de misère. La vie n'a pas de prix, l'argent doit servir à la sauver. Les États payèrent, Royaume-Uni, France, Suisse, puisant dans le Comité international de crédits de secours, un fonds mis en place pour reconstruire l'Europe. Mais comme chacun ne voulait payer que si les autres payaient aussi, il fallut les interventions permanentes de Noel-Baker et de Nansen pour synchroniser les décisions. Sans eux, chaque pays serait resté sur sa position de refus. C'était bien dans l'esprit de la SDN, leur intervention : discuter globalement pour dénouer les tensions, aplanir les obstacles, mettre tout le monde d'accord et synchroniser les actions. La puissance d'obstination de Nansen parvint à sauver pas mal de monde, toujours on l'écoutait.

En juillet 1921, il avait reçu un télégramme de Maxime Gorki, l'écrivain officiel de l'Union soviétique, assez reconnu en Europe pour servir d'interlocuteur convenable, utilisé comme tel par Lénine. Adressé « à tous les honnêtes gens », il annonçait une famine terrible due à la sécheresse, qui menaçait de mort des millions de Russes. « Des jours terribles sont venus pour le pays de Tolstoï, de Dostoïevski, de Mendeleïev, de Pavlov... les infortunes de la Russie offrent une splendide opportunité pour démontrer la vitalité de la pensée humanitaire. Envoyez du pain et des médicaments. Stop. »

On reste sidéré devant l'aplomb de Gorki, ou des services de propagande qui avaient travaillé avec lui à la formulation du télégramme. La famine était reconnue, mais comme fléau naturel, et on en appelait à secourir la Russie éternelle, celle lue dans les romans, dont la plupart des auteurs auraient fini au goulag s'ils avaient été encore là. L'arme alimentaire changeait de camp : utilisée en vain par McCormick, elle était reprise par Lénine, qui appuyait sans vergogne sur la sensiblerie supposée des Européens. Le télégramme fut envoyé à diverses personnalités considérées par les services soviétiques comme animée d'une conscience humanitaire, cette faiblesse des démocraties. *La Pravda* elle-même annonça que la famine menaçait 25 millions de personnes. Et si *La Pravda* le dit, c'est vrai.

« Si je peux être d'une réelle utilité, je ne peux prendre la responsabilité de refuser », écrivit Nansen. Il fut envoyé à Riga pour négocier avec les autorités soviétiques, l'ARA s'occuperait de fournir les secours de façon indépendante, en lien avec un comité russe de secours d'urgence. Un comité indépendant ? Lénine écrivit aussitôt à Staline : « Le comité doit être dissous. Motif : refus de travail. Charge un homme de la Tchéka de superviser la liquidation. » Tout le monde fut arrêté, certains condamnés à mort. Lénine admit qu'ils étaient innocents, mais « il est nécessaire pour nous, pour des raisons politiques, de détruire le comité ». L'ARA protesta, menaça de se retirer, les condamnés furent libérés et expulsés.

Nansen négociait pour sauver les gens, quelles que soient la conduite erratique des puissances occidentales ou les manœuvres méthodiques des bolcheviques. Il n'en voulait rien savoir, concentré sur son but, le regard sur la pointe de ses skis, obstiné. Un diplomate l'ayant fréquenté à cette époque en dressa un étrange portrait : « De nature, Nansen est brutal. Mais il sait qu'il a tort et il se bat contre ça. Quand il s'investit dans l'humanitaire, c'est son cerveau qui lui dit que c'est bien, pas son cœur. » Et quand son cerveau s'en mêle, comme d'habitude il veut avoir raison.

En novembre, il voyagea en Russie, dans les zones touchées par la famine. À Saratov, il vit les gens mourir, des milliers chaque jour, lui glissait-on à l'oreille. Il n'en voyait pas tant, mais assez pour reconnaître un désastre. « Tant de malheurs et de misère en ce monde ! Je reviens du pays des ombres… », écrivit-il. Pour que les secours arrivent, par l'ARA, par la Croix-Rouge, peu importe, il passa par toutes les exigences du gouvernement soviétique, au point qu'on le taxa d'aveuglement face aux manipulations du régime, face à ce programme impitoyable qui utilisait la famine pour éliminer une classe paysanne réticente à la révolution. On commença à se méfier de lui, à ne plus vouloir travailler avec lui, on dit que les bolcheviques l'avaient aveuglé d'une poignée de poussière. Et de l'autre côté, on en rajoutait, on l'estimait sympathisant de la révolution, on l'en remerciait officiellement. Dans la presse d'État, on écrivait : « Il est un voyageur arctique intrépide dont le cœur est intimement lié aux voyageurs du nouveau pays du socialisme. » Un officiel alla jusqu'à lui dire : « Vous êtes bolchevique sans le savoir. » Les Soviétiques œuvraient à l'isoler, à le détacher ostensiblement de toute politique alors que ses manœuvres étaient purement politiques, on le cantonnait à l'humanitaire et à une vision abstraite du socialisme pour n'avoir de comptes à rendre à personne. Et lui s'obstinait à suivre sa trace, le regard droit ; il faisait venir des secours, des vivres, c'était ce que les Soviets attendaient de lui, mais c'est ce qui sauvait des gens. À Genève, son petit bureau était appelé ironiquement « le Haut-Commissariat du Docteur Nansen ».

« Il n'y a pas d'autre salut pour l'humanité que la renaissance de l'amour fraternel. Ça paraît enfantin, je vois déjà les politiciens hausser les épaules. Mais nous avons besoin de politique pratique. Je suis un politicien pratique. Je ne m'intéresse qu'à la réalité. Mais une politique pratique n'est concevable que basée sur l'amour fraternel, la confiance. L'amour fraternel est une politique pratique. » C'est ce qu'il écrivit pour Noël 1921 dans un magazine norvégien.

Il est mystérieux, Nansen. Pas très empathique de nature, ou alors de façon enfantine, mais s'occupant très efficacement de la misère du monde. Il était surtout énergique, constant, têtu, ne voyant que ce qu'il voulait voir et suivant inlassablement son idée du bien, poursuivant son œuvre humanitaire comme il traversait l'inlandsis à ski, toujours tout droit, jusqu'au bout. Quand les tensions étaient trop fortes, il rentrait chez lui en Norvège pour skier et chasser, puis retournait s'occuper de crédits, de distributions, d'autorisations. En 1922, la famine était vaincue, mais il apprit avec horreur que depuis les ports de la mer Noire appareillaient des cargos chargés de grain. L'Union soviétique reprenait ses exportations agricoles pendant qu'à Odessa arrivait l'aide alimentaire internationale. « Si cela se savait, cela ruinerait tout notre travail », écrivit-il à Noel-Baker. Dans sa formulation de « politique pratique » il n'entendait pas cynisme. Les dirigeants soviétiques non plus, d'ailleurs, ils n'y voyaient qu'un pragmatisme absolu, où la vie humaine n'est qu'une variable parmi d'autres.

Fin 1920, l'armée débandée du général Wrangel arriva cahin-caha à Constantinople ; 100 000 personnes, dont la moitié de civils, avaient fui la Crimée devant l'assaut final de l'armée Rouge, marquant la fin de la guerre civile par la défaite totale des Blancs. Au début de l'année suivante, c'était peut-être un million, ou deux, un nombre flou mais considérable de Russes qui avaient fui la révolution, la plupart absolument démunis. Il y avait les archiducs cultivés et francophones devenus chauffeurs de taxi à Paris, et puis tous ceux qui n'avaient plus rien, leur vie effacée, qui campaient dans les forêts de Lettonie ou s'entassaient dans des campements sauvages autour d'Istanbul. Une foule indistincte venue de toutes les Russies, sans aucun recensement et sans aucune aide, était entassée ici ou là, on ne sait trop où, comme s'ils avaient disparu. La Croix-Rouge était débordée, son Comité international convoqua une conférence pour organiser une aide, car ce flot était au-delà des possibilités de la charité privée, même pour la Croix-Rouge.

La toute jeune SDN devait assumer ses responsabilités, et faire ce pour quoi elle avait été conçue : assurer la paix et le bien des hommes.

Les réfugiés en général n'intéressent personne, ils sont des hors-la-nation comme on dit des hors-la-loi, et surtout ils encombrent. On ne sait pas où les mettre, alors on tâche de rendre leur situation pénible et de tout faire traîner pour qu'ils se découragent et disparaissent d'eux-mêmes. La Croix-Rouge suggéra qu'un haut-commissaire aux réfugiés russes soit désigné. Le docteur Nansen pourrait tout à fait convenir puisqu'il avait traité avec succès le problème des prisonniers de guerre. En août, la demande officielle lui fut faite.

On craignit que Nansen ne soit découragé par l'ampleur de la tâche, qu'il n'ait été échaudé lors de ses précédentes missions par les méandres diplomatiques qui compliquent tout, et qu'il se sente très seul pour s'occuper de ceux dont personne ne veut. C'est Noel-Baker qui vint le chercher, il y avait entre eux un lien de confiance très fort qui allait au-delà du fait d'avoir travaillé ensemble. Peut-être s'était-il scellé dès leur rencontre, au buffet de la gare du Nord à Paris où Nansen dut reconnaître quelque chose dans cet homme, bien plus jeune que lui, mais semblable en des points fondamentaux ; il lui avait raconté longuement son aventure sur le *Fram*, puis en traîneau, et dans la hutte carcérale où l'avait emprisonné la nuit polaire. Il en faisait des conférences mais en parlait rarement en tête à tête, et quand il le faisait il était vivant comme jamais. Lui qui accordait rarement sa confiance à des hommes s'était spontanément lié à Noel-Baker, dont il pensait qu'il pouvait le comprendre. Et Noel-Baker, en plus de l'admiration qu'il lui portait, était ravi de pouvoir travailler de nouveau avec lui, car il était quand même un meilleur compagnon que les ternes fonctionnaires de la SDN. Quand Nansen était là, la vie de bureau était plus amusante, et ils s'échappaient le soir pour aller boire des verres dans les bars de Genève.

Habillé maintenant de façon classique, costume sombre, col dur et cravate, avec comme seule originalité un chapeau à très larges bords, il était le candidat idéal, honnête, indépendant, courageux, d'une nécessaire innocence pour croire au bien malgré tout, et il rayonnait encore devant les responsables politiques, administratifs et financiers, de l'aura de cet explorateur qui avait enflammé leur jeunesse. Lui, on l'écoutait.

En décembre 1921, Lénine scella la cave obscure où avaient disparu les centaines de milliers d'exilés en signant un décret selon lequel tout Russe se trouvant à l'étranger sans autorisation serait déchu de sa nationalité. Priver un homme de sa nationalité, c'est le priver du droit d'avoir des droits, le priver de la protection d'un État, le priver d'une appartenance à plus grand que lui. Un homme privé de sa nationalité est réduit à lui-même, à sa vie nue, à son enveloppe corporelle à la merci de tous, comme cet *Homo sacer* décrit par le philosophe Giorgio Agamben, cet homme banni que l'on peut tuer impunément car ce n'est pas un crime, la loi étant pour lui suspendue. Et ce n'est pas seulement un concept philosophique efficient, c'est aussi un regard sur une caractéristique concrète de notre monde. Leur origine varie selon les décennies, mais, aujourd'hui, les milliers (je ne saurais en dire le nombre, mais c'est beaucoup de milliers) de personnes qui espèrent atteindre les frontières de l'Occident en parcourant les routes d'Afrique ou d'Amérique centrale, si elles ne sont pas juridiquement apatrides, elles le sont de fait. Voyageant hors des procédures légales, leur passeport ne leur sert de rien, ne leur permettant ni passage de frontière ni protection par leur État d'origine, et elles subissent au passage les pires exactions et se confrontent aux pires dangers sans que cela compte. Elles sont sans nombre, sans nom, et disparaissent sur la route sans que personne le remarque.

L'être humain, c'est un esprit, un corps, et un passeport, et le priver de ce dernier élément le bloque là où il était au moment où sa déchéance a été signée, c'est-à-dire pour la plupart dans des campements misérables où il ne peut qu'attendre, végéter et disparaître.

Cette question du passeport étant essentielle, Nansen proposa d'en créer un. Ce serait un document établi sous la responsabilité de la SDN et reconnu par un accord international. En juillet 1922, le passeport Nansen fut créé. Encore une fois, un projet humanitaire voyait le jour sous son nom, c'est dire le goût des États et des organisations internationales pour la discrétion, et aussi la capacité d'action du Norvégien – neutre, mais furieusement engagé. Ce passeport ne conférait pas une nationalité, mais accordait une existence, *redonnait* plutôt une existence puisqu'elle avait été ôtée, et permettait à son porteur de franchir légalement les frontières. Il était accordé après entretien avec un fonctionnaire de la SDN et un représentant de la communauté à laquelle appartenait le demandeur, qui se retrouvait alors sous la protection du HCR, le Haut-Commissaire aux Réfugiés, Nansen lui-même, qui devenait une sorte de consul international. C'est grâce à un papier où était imprimé son nom en gros caractères que la situation des réfugiés bloqués en des non-lieux fut régularisée, et qu'ils purent entrer en Europe et s'y fondre. Cinquante-quatre pays reconnurent l'accord, à une époque où la Société des nations ne comptait que quarante-cinq membres. Stravinsky, Chagall, Rachmaninov et plusieurs centaines de milliers d'autres bénéficièrent d'un passeport Nansen.

La notion d'apatride était entrée dans le droit national, mais il fallut attendre 1961 pour que les États se mettent d'accord pour n'en pas créer, estimant comme Hannah Arendt que la nationalité est le premier des droits de l'homme, et qu'aucun homme ne peut en être privé. Pas à pas, le droit avance.

En créant ce passeport pour résoudre un problème, Nansen avait pensé que le passeport et le problème seraient provisoires ; il pensait à la future reconstruction de la Russie, et imaginait le rapatriement prochain des réfugiés. Très peu revinrent, avec raison, ils savaient à quoi s'en tenir à propos du pouvoir soviétique. Nansen ne le comprenait pas. C'est là un paradoxe, que celui qui sauva les apatrides en leur établissant un passeport semblait assez tiède vis-à-vis de leur cause. C'est quelque chose d'intime, c'est lui, il ne comprenait guère l'exil, le paysan tolstoïen affamé à secourir le touchait davantage. Mais il faut dire qu'il n'est pas le seul, les réfugiés gênent tout le monde, on leur en veut très vite, quels que soient le lieu et l'époque. Ils sont hypersensibles, susceptibles, pris entre l'humiliation d'avoir fui et l'avilissement ressenti d'être secourus ; ils exhibent quelque chose que personne ne veut voir tant c'est vertigineux : la perte du lien au collectif qui fait la nature humaine. Hannah Arendt le dit très bien dans un petit texte de 1943, *Nous autres réfugiés*, où elle raconte son exil : « Il fut un temps où nous étions des personnes dont on se souciait, où nous étions aimés par nos amis, et même connus auprès des propriétaires comme des locataires réglant sans faute leur loyer. Autrefois nous pouvions faire nos courses et prendre le métro sans nous entendre dire que nous étions des indésirables. Nous sommes devenus un peu hystériques depuis que les journalistes ont commencé à nous enjoindre publiquement de cesser d'être désagréables lorsque nous achetons du pain et du lait. Nous nous demandons comment cela est possible, nous nous montrons si prudents à chaque moment de notre vie quotidienne. »

Elle continue, évoquant les suicides, devenus si courants, de la part de gens dont on n'aurait jamais cru qu'ils en arriveraient là : « Nos suicidés ne sont pas des rebelles insensés désirant lancer un défi à la vie ou tuer en eux l'univers tout entier. Leur manière de disparaître est tranquille et modeste ; ils semblent presque s'excuser de la solution violente qu'ils ont trouvée à leurs problèmes personnels. À les entendre, en général, les événements politiques n'ont rien à voir avec leur destin individuel ; pour le meilleur ou pour le pire ils ne croient qu'en leur personnalité. Aujourd'hui ils se découvrent de mystérieuses défaillances qui les empêchent de s'en sortir. Persuadés dès leur plus tendre enfance de mériter un certain statut social, dès que celui-ci s'éloigne, ils se voient comme des ratés. Leur optimisme représente alors la vaine tentative de maintenir la tête hors de l'eau. Derrière cette façade joyeuse, c'est la lutte pour ne pas désespérer d'eux-mêmes. En fin de compte, c'est d'une sorte d'égoïsme qu'ils décèdent. »

On comprend, vu les rapports étroits que Nansen entretenait avec la mélancolie, que l'existence même des réfugiés apatrides le touchait de trop près, que cela nécessitait pour lui une certaine mise à distance, et que le paysan romanesque correspondait mieux à ses rêveries terriennes. Mais quand il faut faire quelque chose, il le fait. Il inventa le passeport car toujours devant la misère il faut agir, il le fit adopter car toujours il faut aller jusqu'au bout, jusqu'à ce que la tâche soit accomplie. Quand on traverse le Groenland, on va au bout, parce que derrière, on s'en souvient, il n'y a rien.

En septembre 1922, une nouvelle catastrophe survint, elle aussi due à l'effondrement des empires : l'exode des Grecs d'Asie Mineure. Vaincu, l'empire cosmopolite des Ottomans avait été vendu à la découpe, Français et Anglais se répartissant les territoires du Moyen-Orient sous forme de protectorats. Faisant partie du camp des vainqueurs, les Grecs voulaient leur part, c'est-à-dire tous les territoires où vivaient des Grecs, la côte occidentale de l'Anatolie et Smyrne. En 1920, le traité de Sèvres le leur accorda. L'armée grecque vint prendre possession de ce nouveau territoire, constituant une Grande Grèce qui faisait le tour de la mer Égée. Mais le sursaut nationaliste turc dirigé par Mustafa Kemal retourna la situation. L'armée grecque fut vaincue, en fuite, et près d'un million de réfugiés partirent sur les routes, devant l'avancée de l'armée turque qui opéra ce que l'on n'appelait pas encore « nettoyage ethnique », mais qui en a l'exacte définition, et qui culmina avec l'incendie et les massacres de Smyrne dont furent victimes Grecs et Arméniens sous les yeux assez indifférents des vaisseaux de guerre anglais et français ancrés dans le port. On appela de nouveau Nansen, il se rendit sur place, vit sur les routes des files ininterrompues de chariots bringuebalants, de bétail affolé, de gens traînant quelques bagages et portant des enfants. « Je n'ai jamais vu ainsi un peuple entier aller à pied, comme une migration des temps anciens. La nuit, des lumières brillent jusqu'à l'horizon, comme une ville entière illuminée, ce sont les feux de camp de ces pauvres gens. Comme la vie est difficile ! Et les hommes ne l'améliorent pas… »

Homme des grandes idées radicales, Nansen proposa un échange : les Grecs d'Asie Mineure contre la minorité turque de Grèce. « Séparer les populations achèverait la pacification du Proche-Orient », argumenta-t-il. L'idée était simple, par là imparable, mais ce furent 3 millions de personnes qui furent échangées dans un grand chaos brutal. Le projet prévoyait que les expulsés d'un côté prennent la place et les biens des expulsés de l'autre, c'était très rationnel, cela ne se passa pas ainsi. Athènes grossit considérablement, s'étendant de faubourgs peuplés de déracinés. On doit à cet épisode le *rebetiko*, ce blues tragique des Grecs d'Anatolie déplacés dans la banlieue de la capitale, car les musiques mélancoliques s'épanouissent bien dans les grands malheurs et leurs souvenirs.

Nansen revint en Russie. Djerzinski lui expliqua que la famine n'était pas due à de mauvaises récoltes, mais à une mauvaise gestion des ressources. Il avait donc mis en place une forme de terreur pour augmenter l'efficacité du chemin de fer : tout manquement, tout retard, tout incident était puni. À Kharkov, on fêta le héros humanitaire. Et la direction de l'hôtel fut arrêtée et emprisonnée pour n'avoir pas servi de cocktails, pour n'avoir pas utilisé de nappes propres, pour n'avoir pas fourni assez de chaises pour la réception. C'était un exemple de gestion par la terreur de l'efficacité économique. Mais la famine était finie, l'Union soviétique le remercia, on n'avait plus besoin de lui.

Et puis il y avait les Arméniens, massacrés par les Turcs, déportés dans le désert syrien, oubliés des Alliés, ignorés du traité de Lausanne, ils n'étaient plus rien et il n'était pas question qu'ils obtiennent la nationalité de la nouvelle Turquie. Nansen tenta d'intervenir pour qu'ils obtiennent un foyer national en Union soviétique, mais Staline, qui avait remplacé Lénine comme secrétaire général du parti communiste, refusa tout net. Le temps n'était plus aux négociations compliquées. Personne ne voulait des Arméniens ottomans. La SDN les fit bénéficier du passeport Nansen. On ne pouvait rien pour eux sur place, alors on les laissait sortir, qu'ils aillent où ils pourraient.

Nansen dépassait la soixantaine. Pendant sa dernière visite en Russie, une responsable de la Croix-Rouge danoise, impressionnée, l'avait décrit comme Jupiter : grand, calme et rayonnant d'autorité. Mais il était fatigué, il avait changé. Un diplomate américain qui l'avait fréquenté vingt-cinq ans auparavant se souvenait de sa hautaine figure, avec cette fière dureté sur le visage, et c'était maintenant « un vieil homme puissant, ses yeux bleus remplis d'une sorte de tristesse patiente. »

Alors dans son manoir il écrivait, sur les pôles, les courants, l'Arctique. Il revenait aux sciences, c'était là sa vocation profonde, pensait-il au soir de sa vie. Il publia enfin *Les Côtes et l'Isostasie*, qu'il avait commencé bien des années auparavant. L'isostasie, c'est le phénomène qui rééquilibre la Scandinavie après que la calotte de glace qui pesait sur elle pendant les glaciations a fondu, c'est tout le continent enfoncé dans le manteau terrestre, allégé, qui remonte, modifiant la forme de ses côtes. Nansen libéré de l'obsession des glaces revenait à la recherche scientifique, et l'avant-propos commence ainsi : « L'auteur regrette la parution tardive de cet ouvrage, mais il l'a écrit avec beaucoup d'interruptions dues à des circonstances variées sur lesquelles il n'avait aucune prise. »

Il avait quand même fait pas mal de choses ces dernières années, dont on pouvait penser qu'elles valaient plus que de ne pas atteindre le pôle Nord. En 1922, on lui décerna le prix Nobel de la paix pour avoir œuvré en faveur des prisonniers de guerre, pour avoir secouru des milliers de Russes menacés par la famine, et finalement pour son action en cours pour les réfugiés en Asie Mineure et en Thrace.

Mais il était épuisé, un peu découragé, ayant encore une fois l'impression d'avoir manqué son but. « Pour moi ce prix Nobel est étrange et incompréhensible. Il m'est donné pour des travaux où je suis arrivé un peu par hasard, qui n'étaient pas du tout de mon domaine. » Il est incorrigible.

En 1925, il fut élu Lord Rector de l'université St Andrews en Écosse. Il s'y rendit en compagnie d'une bande d'étudiants hilares, dans un train dont la locomotive était ornée d'une tête d'ours empaillée, coiffée d'un mortier doctoral et drapée d'une toge universitaire. À la gare, il fut acclamé, bruyamment escorté par une foule joyeuse jusqu'à l'université où il fit un discours. Il y racontait, à l'usage des jeunes gens qui y assistaient, l'image qu'il avait de sa propre vie au soir de celle-ci : « Il y a un monsieur Irresponsable en moi. Une personne émotionnelle, impulsive, querelleuse, une personne qui s'ennuie facilement, qui trouve très ennuyeux de passer trop de temps sur quelque chose. Je me suis engagé corps et âme dans la zoologie, j'ai vécu pendant six ans dans un microscope, c'était un monde entièrement nouveau. Monsieur Irresponsable resta tranquille pendant ces années et nous étions sur le point de devenir un jeune biologiste prometteur. Et puis monsieur Irresponsable profita d'un moment de faiblesse et m'a joué un de ses tours fatals. Il m'a proposé le rêve arctique, et a suggéré que c'était le moment de s'occuper d'un vieux projet de traverser le Groenland. Ça ne prendra pas longtemps, tu reviendras vite au système nerveux, disait-il. Bien sûr, après avoir posé le pied en Arctique, j'ai entendu l'appel de la Sauvagerie, et je ne suis jamais retourné à l'histologie du système nerveux. » Il y a du regret dans ce discours plein d'un humour légèrement amer.

En 1928, Roald Amundsen disparut sans laisser de traces au sud du Svalbard, à bord d'un hydravion parti à la recherche des naufragés du dirigeable *Italia* d'Umberto Nobile, qui avait tenté d'atteindre le pôle. Le dirigeable l'avait survolé, mais une tempête avait empêché d'y atterrir, une autre avait emporté le ballon qui dériva et disparut à jamais en laissant dix hommes sur la glace. Une dernière tempête avala l'hydravion de secours. Le modernisme mécanique échouait encore, Nansen s'en était toujours méfié.

À la radio, il rendit hommage à cet explorateur norvégien –l'autre, l'héritier, le rival, le martyr. « Mon ami Amundsen m'avait confié qu'il était heureux de n'être pas né plus tard, quand il n'y aurait plus rien eu à explorer, à part la Lune. Carlyle dit que le premier devoir de l'homme est de vaincre la peur. Je ne sais pas si Amundsen avait en lui la moindre peur à combattre. Il a trouvé une tombe inconnue sous le ciel clair de ce monde gelé. »

En 1929, il envisagea un survol des pôles par avion, il fit une tournée de conférences aux États-Unis pour lever des fonds, mais sans succès.

Il était malade, malheureux, piégé dans son mariage. Cela allait mal avec Sigrun, dont les sentiments avaient tourné en frustration et en mépris. Elle avait épousé un héros, elle vivait avec un vieillard. Elle était dure, sur ses gardes, et parfois haineuse quand elle le regardait. Lui perdait peu à peu la vue.

À la fin de l'année 1929, des Russes qui hivernaient sur la terre François-Joseph lui envoyèrent un télégramme de bonne année. Il était quand même Nansen.

En février 1930, il alla faire du ski avec des amis et prit froid. En mai il eut de la fièvre, il s'alita, le roi Haakon vint à son chevet. Le 13 mai, il mourut brusquement d'une crise cardiaque, chez lui. Le 17 mai, c'était la fête nationale norvégienne, et ce fut le jour de ses funérailles. Il y eut deux minutes de silence dans la capitale, les drapeaux étaient en berne, son cercueil traversa Oslo tiré par quatre chevaux noirs comme pour les obsèques d'un roi. Sverdrup était là, Noel-Baker aussi.

Sverdrup militait pour la préservation du *Fram*, qui est maintenant montré dans un musée d'Oslo ; il mourut la même année. On donna son nom à une unité de mesure de l'intensité des courants marins – un sverdrup correspondant à un million de mètres cubes par seconde, une bien belle unité, un peu abstraite mais puissante. On donna le nom du malheureux Johansen à un pic dans l'Antarctique que personne n'a jamais escaladé.

Les cendres de Nansen furent déposées au pied d'un arbre, près de sa maison.

Épilogue

Et madame Abkarian alors ? Elle s'était tranquillement endormie dans son lit, sa tête légère déformant à peine l'oreiller, son corps fin érodé par le temps soulevant à peine la couverture, elle respirait lentement, c'était à peine audible, un battement d'ailes de papillon, mais elle était toujours là.

J'éteignis la bougie, rangeai la photo et *lépapié* exactement comme je les avais trouvés, je sortis sans bruit en laissant la lumière. C'était toujours comme ça quand je venais la voir : elle s'endormait et je m'en allais en fermant les portes avec soin, sans rien heurter, sans rien claquer, pour ne pas déranger sa tranquillité. Dans le couloir, je croisai mademoiselle Brigitte.

— Elle dort, murmurai-je.

Elle acquiesça d'un hochement de tête. La machine à laver ronronnait au fond de l'appartement, là où je n'étais jamais allé, c'était très paisible. Madame Abkarian s'éteignait sans hâte, sans violence, elle allait à petits pas vers l'aboutissement de sa vie. Grâce sans doute à ce passeport précieusement gardé dans son armoire, qui lui avait permis de franchir des frontières auparavant infranchissables, un simple papier plié sur lequel était imprimé en lettres capitales : NANSEN.

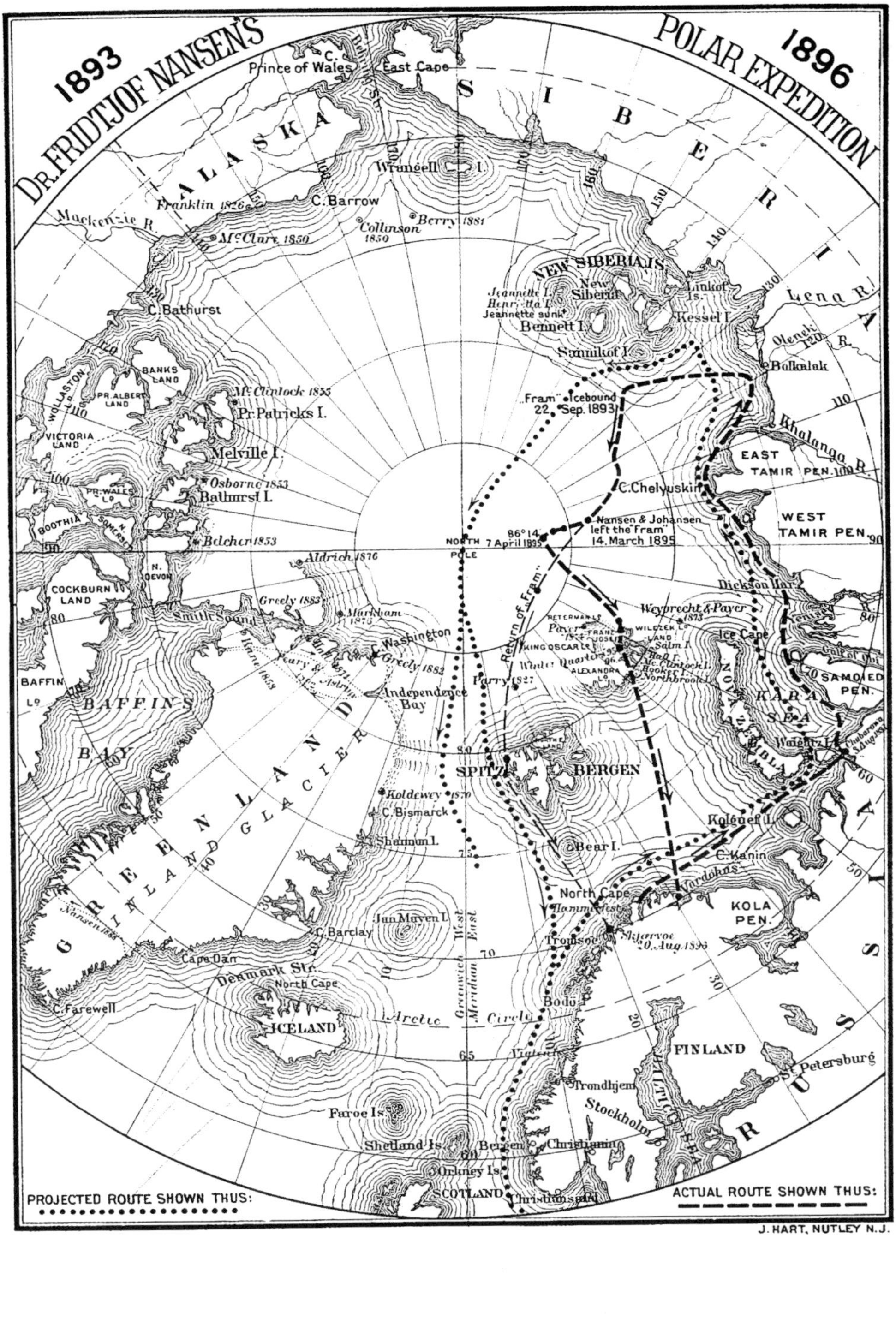

1893 Dr. FRIDTJOF NANSEN'S POLAR EXPEDITION 1896
ALASKA
SIBERIA
C. Prince of Wales
East Cape
Wrangell I.
C. Barrow
Franklin 1826
Mackenzie R.
McClure 1850
Collinson 1850
Berry 1881
NEW SIBERIA IS.
New Siberia
Jeannette I.
Henrietta I.
Jeannette sunk
Bennett I.
Liakof Is.
Kessel I.
Lena R.
Olenek R.
Bulkalak
C. Bathurst
BANKS LAND
PR. ALBERT LAND
WOLLASTON LD.
VICTORIA LAND
McClintock 1853
Pr. Patricks I.
Melville I.
Osborne 1853
Bathurst I.
PR. WALES LD.
BOOTHIA
N. SOMERSET
Belcher 1853
N. DEVON
COCKBURN LAND
"Fram" Icebound 22 Sep. 1893
Khalanga R.
EAST TAMIR PEN.
WEST TAMIR PEN.
C. Chelyuskin
Nansen & Johansen left the "Fram" 14. March 1895
86° 14' 7 April 1895
NORTH POLE
Aldrich 1876
Greely 1883
Markham 1876
Smith Sound
C. Washington
Greely 1882
Kane 1853
Independence Bay
Return of "Fram"
Dickson Har.
Weyprecht & Payer 1873
WILCZEK LAND
PETERMAN LD.
KING OSCAR LD.
FRANZ JOSEF LD.
Payer 1874
Salm I.
Hall I.
McClintock I.
Hooker I.
Northbrook I.
Winter Quarters 1895-6
ALEXANDRA LD.
Ice Cape
NOVA ZEMBLA
KARA SEA
SAMOIEDE PEN.
Waigatz I.
BAFFIN LD.
BAFFINS BAY
GREENLAND
INLAND GLACIER
Parry 1827
SPITZBERGEN
Koldewey 1870
C. Bismarck
Shannon I.
Bear I.
Kolguef I.
C. Kanin
Vardohus
North Cape
Hammerfest
Tromsoe
Skjervoe 20. Aug. 1896
KOLA PEN.
Jan Mayen I.
C. Barclay
Cape Dan
Denmark Str.
North Cape
C. Farewell
Nansen 1888
ICELAND
Arctic Circle
Greenwich West East Meridian
Bodo
FINLAND
St. Petersburg
Trondhjem
Stockholm
Faroe Is.
Shetland Is.
Bergen
Christiania
Orkney Is.
SCOTLAND
Christiansand
RUSSIA
PROJECTED ROUTE SHOWN THUS:
ACTUAL ROUTE SHOWN THUS:
J. HART, NUTLEY N.J.

Du même auteur,
aux éditions Paulsen :
J'aurais pu être millionnaire,
j'ai choisi d'être vagabond,
2020

À paraître :
J'aurais pu être millionnaire,
j'ai choisi d'être vagabond,
2022
(Adaptation en bande dessinée
avec les dessins de Clément Baloup)

Table des matières

Achevé d'imprimer par Ermes Graphics
à Turin (Italie), en septembre 2022
Dépôt légal : octobre 2022
ISBN : 978-2-37502-161-3